MENINAS CORAJOSAS

Mais que perfeitas

Outros livros da série Meninas Corajosas

Meninas Corajosas — Histórias bíblicas

Meninas Corajosas — Amigas inseparáveis

MENINAS CORAJOSAS

Mais que perfeitas

Escrito por

JENNIFER GERELDS

Tradução de

ANA PAULA ARGENTINO

THOMAS NELSON
BRASIL®

Rio de Janeiro, 2016

Título original: *Brave Girls — Better Than Perfect*

As citações bíblicas são da *Nova Versão Internacional* (NVI), da Biblica, Inc., a menos que seja especificada outra versão da Bíblia Sagrada.

Os pontos de vista desta obra são de responsabilidade de seus autores e colaboradores diretos, não refletindo necessariamente a posição da Thomas Nelson Brasil, da HarperCollins Christian Publishing ou de sua equipe editorial.

PUBLISHER	Omar de Souza
EDITORES	Aldo Menezes e Samuel Coto
COORDENAÇÃO DE PRODUÇÃO	Thalita Ramalho
PRODUÇÃO EDITORIAL	Luiz Antonio Werneck Maia
COPIDESQUE	Verônica de Oliveira Araújo
REVISÃO	Maria Júlia Calsavara e Francine F. de Souza
ADAPTAÇÃO DE CAPA	Lúcio Pimentel
DIAGRAMAÇÃO	Filigrana

CIP-BRASIL. CATALOGAÇÃO NA PUBLICAÇÃO
SINDICATO NACIONAL DOS EDITORES DE LIVROS, RJ

G316m

Gerelds, Jennifer
Meninas corajosas : amigas inseparáveis / Jennifer Gerelds ; tradução Lilian Jenkino. - 1. ed. - Rio de Janeiro : Thomas Nelson Brasil, 2016.
il.

Tradução de: Brave girls : faithful friends
ISBN 978.85.7860.865-1

1. Meninas cristãs - Vida religiosa. 2. Relações humanas - Aspectos religiosos - Cristianismo. 3. Amizade. I. Título.

CDD: 248.842
CDU: 27-584-055.25

Thomas Nelson Brasil é uma marca licenciada à Vida Melhor Editora S.A.

Rua Nova Jerusalém, 345 — Bonsucesso
Rio de Janeiro - RJ - CEP 21042-235
Tel.: (21) 3882-8200 - Fax: (21) 3882-8212 / 3882-8313
www.thomasnelson.com.br

Sumário

Introdução

Estou convencido de que aquele que começou boa obra em vocês, vai completá-la até o dia de Cristo Jesus.

Filipenses 1:6

Fé e eu (Honra) estávamos passeando juntas outro dia. Tínhamos algum tempo para gastar, pois tínhamos acabado de escrever este livro de autoestima; então, decidimos brincar juntas com um quebra-cabeça. Não podíamos esperar para terminar, porque o desenho final seria sobre aqueles coalas muito fofos, que são um dos meus animais favoritos.

Mas demorou mais tempo do que eu esperava. Foi difícil fazer as peças se encaixarem. Elas não pareciam nada com o desenho final quando nós as tiramos da caixa! Mas, lentamente, à medida que peça por peça se unia, o desenho ficava mais claro.

E, depois, ficou claro para nós: esse quebra-cabeça é exatamente como a nossa vida! Deus criou cada uma de nós como uma figura bela e maravilhosamente única dele. Quando ele olha para nós, vê a figura completa — como na tampa da caixa do quebra-cabeça. Nós, porém, apenas vemos as pequenas peças do quebra-cabeça da nossa vida. Para ser sincera, algumas peças não parecem ser tão bonitas, e é muito difícil

ver como elas poderiam, alguma vez, se encaixar no plano de Deus para fazer algo bonito.

Sim, mas é aqui que entra a fé! (Não eu, é claro. Quero dizer, a confiança verdadeira em Deus!) Podemos não entender por que Deus nos deu a família — ou o nariz, ou a cor dos olhos, ou as circunstâncias da vida. Para nós, pode até parecer uma bagunça, capaz de fazer uma perfeccionista como eu se sentir nervosa... Até me lembrar do desenho completo. Deus já me fez perfeita em Jesus! E Deus usa todos os acontecimentos da vida para colocar as peças no lugar, fazendo uma bela obra de arte no final.

Então, escrevemos este livro para ajudar vocês a verem o que Deus vê: a perfeição em construção. Queremos que saiba o quanto Deus a ama e acha que você é maravilhosa — e o quanto todas nós precisamos dele para nos ajudar a sermos as pessoas que ele criou para sermos. Quando terminar de ler este livro, esperamos que comemore a criatividade e a bondade de Deus em você. Deus é bom! E é bom vê-lo em você!

Com amor,

HONRA

E FÉ

OS DETETIVES DA VERDADE

O jogo de poder

1º dia

Filhos, obedeçam a seus pais em tudo,
pois isso agrada ao Senhor.

Colossenses 3:20

A mentira: preciso fazer as coisas do meu jeito para ser feliz.

Você conhece a sensação: quer passar a noite com sua amiga *muito* descolada. Ou quer aquele doce que viu na fila do caixa. Ou simplesmente quer assistir o programa de TV que *todas* as suas amigas podem assistir. Mas, em vez disso, ouve a palavra "não" dos seus pais.

Imediatamente, você tem vontade de brigar: "Mas por quê?" — você começa. Então, seu cérebro começa a chacoalhar como um trem — devagar no começo e depois vai ganhando velocidade. "Mas todo mundo vai assistir" ou "Vocês nunca me compram nada" ou "Não tem nada de errado nisso." Com cada uma dessas palavras, você espera convencer seus pais de que eles estão errados.

A verdade é . . .

Por que armar uma guerra para conseguir o que quer? É possível que você tenha sido enganada pela mentira "Preciso fazer as coisas do meu jeito para ser feliz."

Na verdade, você vai se sentir — e viver — melhor quando confiar e obedecer aos caminhos de Deus, mesmo que você realmente ache que deseja algo mais. (Lembra de Adão e Eva quando escolheram o seu

próprio caminho, e não o de Deus?) Ouvir e obedecer aos seus pais vai colocá-la no caminho para a maior felicidade.

Da próxima vez que ouvir a palavra "não" de seus pais, pare e agradeça a Deus por lhe dar líderes que a amam e querem o melhor para você. Então, peça a ele ajuda para obedecê-los com um coração alegre. Você vai ficar feliz por ter feito isso!

Sugestão de oração

Pai, ajude-me a obedecer aos meus pais,
para que eu possa viver melhor.

O tipo errado do certo

2º dia

Ele zomba dos zombadores, mas concede graça aos humildes.

Provérbios 3:34

A mentira: preciso sempre ter razão.

— Não é assim que se faz — disse Maggie para sua amiga Chloe, enquanto ela estava desenhando.

— Bem, eu gosto assim — disse Chloe, sem erguer os olhos.

— Veja — respondeu Maggie, pegando o lápis e o papel das mãos de Chloe. — Se você fizer assim, vai ficar melhor — raciocinou ela, apagando o desenho de Chloe.

— Deixe meu papel em paz — resmungou Chloe, enquanto pegava suas coisas de volta e foi para outra mesa.

A verdade é . . .

Definitivamente, parece ser algo bom quando pensamos que temos razão. O problema de precisar ter razão o tempo todo é que estamos somente pensando em nós mesmas e o quanto achamos que somos espertas. Mas o nosso ego faz a gente deixar de considerar as necessidades dos outros. Só porque algo pode ser verdade, não significa que precisa ser dito. Por exemplo, os comentários como "Você está gorda" ou "Você não tem amigos" podem ser mesmo frases verdadeiras, mas essas informações *não* são úteis.

Em vez de ter razão, ser gentil seria uma opção bem melhor. No caso de Maggie, uma palavra de incentivo teria unido bem mais a amizade

delas do que uma palavra de correção. Mas quando o momento pede para falar a verdade, tenha certeza de que a verdade seja dita com amor. Porque o amor, e não ter sempre razão, sempre vence.

Sugestão de oração

O Senhor odeia o orgulho, mas ama o humilde. Ajude-me a amar com humildade os outros ao meu redor.

Um estilo novinho em folha

3º dia

Ele me vestiu com as vestes da salvação
e sobre mim pôs o manto da justiça.

Isaías 61:10

A mentira: preciso me vestir com as marcas e estilos mais recentes.

— Mamãe, preciso de uma mochila nova — disse Emma.

— Por quê? Acabamos de comprar uma mochila nova há um mês atrás — respondeu a mãe.

— Sim, mas preciso da mesma mochila que as outras meninas têm.

— Você quer dizer a mochila que custa $100?

— Hum, é — resmungou Emma. — Não quero ser, tipo, uma *nerd* ou algo assim."

A verdade é . . .

Deus diz que o valor verdadeiro vem dos nossos relacionamentos. Infelizmente, muitas meninas pensam que, se elas se aproximarem das crianças populares na escola, então parecerão descoladas e terão vidas melhores.

Mas as meninas foram criadas para um relacionamento muito mais importante: relacionamento com Deus. Quando sabemos que Deus pensa que somos incríveis e permanece ao nosso lado seja para o que for, de repente o impulso pela última moda começa a perder a força. Não precisamos construir a nossa autoestima com base nas opiniões das outras pessoas. Pelo contrário, devemos permanecer nas promessas do favor eterno de Deus e mostrar ao mundo uma forma melhor de viver.

Sugestão de oração

Ajude-me a crer que o Senhor me ama e afaste de mim a pressão de eu querer ser como as outras meninas.

Pessoas ocupadas

4º dia

"Parem de lutar! Saibam que eu sou Deus!"

Salmos 46:10

A mentira: preciso estar ocupada.

— Então, você vai sair do time de futebol? — perguntou Kátia.

— Na-não tenho certeza — gaguejou Lúcia. — Quero dizer, não decidi ainda.

— E o grupo de teatro? Ou o coral?

— Dificilmente entraria.

— Nossa. Acho que você só gosta de ser chata — concluiu Kátia.

A verdade é . . .

Hoje em dia, as pessoas *estão* muito ocupadas. Simplesmente pergunte a alguém. Elas podem citar qualquer número de atividades, esportes e projetos que estão fazendo. E boa parte disso pode parecer muito importante. Mas as pessoas estão *muito, muito* ocupadas? Deus deseja que fiquemos calmas e saibamos que ele é Deus. Quando mal podemos recuperar o fôlego das nossas atividades, estamos perdendo o mais importante: tempo para nossa amizade com Deus.

Então, por que ficamos tão ocupadas? Talvez porque todo mundo parece estar ocupado. Talvez, os momentos silenciosos nos deixam nervosas. Talvez, a gente se sinta mais importante se estamos realizando muitas coisas. Mas devemos nos lembrar do que Jesus disse para sua amiga ocupada, Marta, em Lucas 10: mais importante do que preencher nosso tempo com as atividades é preenchê-lo com o Senhor.

Sugestão de oração

Deus, ajude-me a ter tempo para o Senhor, dizendo "não" para as atividades que não preciso ter em minha vida.

Os pensamentos mais inteligentes

5º dia

Ele me disse: "Minha graça é suficiente para você, pois o meu poder se aperfeiçoa na fraqueza". Portanto, eu me gloriarei ainda mais alegremente em minhas fraquezas, para que o poder de Cristo repouse em mim.

2Coríntios 12:9

A mentira: preciso ser inteligente para ter valor.

Sarah ficou em pânico enquanto segurava sua prova corrigida, marcada com um "D" gigante no alto da folha. "Oh, não!" suspirou ela. "Meus pais vão me matar." Então, sua mente começou a pensar rápido: *Pelo jeito, serei expulsa do quarto ano. Não sei como vou chegar ao Ensino Fundamental ou ao Ensino Médio. Ao que tudo indica, nem deveria estar pensando na Universidade. Sou só uma imbecil, e é tudo o que sempre serei.*

A verdade é . . .

Pode ser muito decepcionante quando parece que todo mundo é mais inteligente do que você. As professoras, e até mesmo os pais bem-intencionados podem colocar mais pressão ao tentar ajudá-la a ser bem-sucedida. Mas, quer saber outra verdade secreta? Deus, você sabe, aquele que criou o seu cérebro — tem um plano para a sua vida.

Mais importante do que conseguir um "A" é aprender como confiar em Deus com as nossas fraquezas e crer que ele é capaz de nos levar para qualquer lugar que precisamos ir, apesar da nossa limitação aparente. Lembre-se, você é amiga de um Deus maravilhoso, e ele promete cuidar de você. Então, pare de se castigar e agradeça a Deus por criá-la do jeito que você é. Peça a ele para ajudá-la a fazer o seu melhor enquanto depende dele para cuidar do resto das coisas.

Sugestão de oração

Deus, a coisa mais inteligente que posso fazer é confiar no Senhor. Obrigada por cuidar de mim.

Uma personalidade melhor

6º dia

Temos diferentes dons, de acordo com a graça que nos foi dada. Se alguém tem o dom de profetizar, use-o na proporção da sua fé.

Romanos 12:6

A mentira: preciso ter uma personalidade melhor.

— Gostaria de ser como ela — admitiu Ana para sua amiga, Ivete.

As duas meninas observavam Lenita, a aluna nova, que parecia ter a classe toda na palma de sua mão. De onde elas estavam, podiam ver que ela era o centro das atenções do grupo de meninas populares, rindo e sorrindo, e que manter uma conversa com aquelas crianças era a coisa mais natural do mundo.

— Sim, ela é simplesmente tão extrovertida e divertida — concordou Ivete.

A verdade é . . .

Agora, tente imaginar se todas as pessoas do mundo fossem iguais a Lenita. É claro, todo mundo adoraria falar e divertir os outros, mas quem estaria ouvindo? Como qualquer trabalho seria feito? Enquanto algumas personalidades parecem reluzir e brilhar mais do que outras, Deus realmente projetou cada tipo para seu propósito — e a maioria de sua obra não exige o centro do palco.

Você é quieta e tímida? Determinada e concentrada? É ousada e agressiva? Seja lá qual for o tipo de personalidade que Deus misturou em seu caráter, pode ter certeza de que ele irá usar isso para a glória dele se você lhe entregar sua vida. Simplesmente peça-lhe para usar a velha menina no holofote ou nos bastidores, para reluzir a glória dele como só ele pode fazer.

Sugestão de oração

Senhor, estou aqui para glorificá-lo, e não a mim. Por favor, use-me para ajudar os outros a verem o Senhor.

O sucesso mais doce

7º dia

Para mim vale mais a lei que decretaste do que milhares de peças de prata e ouro.

Salmos 119:72

A mentira: preciso ter dinheiro para ser feliz.

— Mamãe, a família da Camila está indo esquiar durante as férias — disse Adelaide.

— Hummm, que legal — respondeu a mamãe.

— Mamãe? — perguntou Adelaide. — Por que nós nunca saímos para esquiar nas férias?

— Bem, meu amorzinho, temos uma família muito grande e não temos dinheiro. E tem mais, podemos encontrar coisas divertidas para fazer por aqui, não?

— Eu acho que sim — lastimou-se Adelaide. Em seguida, murmurou para si mesma: — Mas, às vezes, gostaria de morar com a família de Camila.

A verdade é . . .

Deus não atende somente as nossas necessidades — ele é o que mais precisamos! Enquanto algumas pessoas têm mais dinheiro e mais coisas do que as outras, a alegria verdadeira não vem com uma etiqueta que os ricos podem pagar. Deus nos deu o ingresso para a paz e a alegria quando escolhemos agradecê-lo por sua presença em nossa vida e confiar na sua promessa de prover nossas necessidades. Estar contente com o que Deus tem nos dado nos permite pensar como podemos ajudar os outros, em

vez de traçar estratégias de como ter mais para nós mesmas. O próprio Jesus disse que é melhor dar do que receber (Atos 20:35). Quando damos, ficamos ricas — não necessariamente de dinheiro, mas de experiência do amor de Deus. Vivendo a economia de Deus, vemos que nunca ficamos sem aquilo de que mais precisamos: ele.

Sugestão de oração

Pai, preciso do Senhor mais do que tudo no mundo. Obrigada por cuidar de mim!

Enxergando a beleza

8º dia

A beleza é enganosa, e a formosura é passageira; mas a mulher que teme o SENHOR será elogiada.

Provérbios 31:30

A mentira: preciso ser bonita..

Jéssica já estava no banheiro, olhando para o espelho, há mais de 30 minutos. Por mais que ela penteasse o cabelo, simplesmente não o achava bonito.

— Aff! — resmungou frustrada. — Meu cabelo está horrível! Meu rosto está horrível! Por que eu sou tão feia?

A verdade é . . .

Você já ouviu que a beleza está nos olhos de quem vê? Essa é uma expressão antiga que significa que a beleza é determinada mais pela pessoa que a vê e a aprecia do que o objeto em si. A verdade é que coisas diferentes parecem ser bonitas para pessoas diferentes.

Então, que tipo de beleza quer ter? Se você é filha de Deus, a pessoa mais importante que observa sua beleza é seu Pai celeste. Ele planejou seu nariz e cabelo, suas sardas e altura antes mesmo de ter criado o planeta! Ele pensou muito e a fez do jeito perfeito que o faz sorrir com alegria. Você é linda aos olhos dele, não importa o que o espelho diga! Então, esqueça a capa de revista ou o que faz as meninas na escola dizerem “Oooh” e “Ahhh”. O segredo de ser bonita é ver a si mesma através dos olhos de Deus.

Sugestão de oração

Deus, ajude-me a me enxergar do jeito que o Senhor me vê: bonita.

A melhor perdedora

9º dia

Tudo o que fizerem, seja em palavra ou em ação, façam-no em nome do Senhor Jesus, dando por meio dele graças a Deus Pai.

Colossenses 3:17

A mentira: preciso vencer para me sentir bem comigo mesma.

— Vamos jogar mais uma partida — insistiu Lívia.

— Nããão — queixou-se Marlene quando ela rolou de costas. — Brincamos com esse jogo três vezes!

— Eu sei, mas isso não é justo — disse Lívia, ficando irritada. — Você sempre fica com as cartas boas, então temos que jogar até que eu possa ganhar.

A verdade é . . .

Algumas pessoas são mais competitivas do que outras, entretanto, não é divertido para ninguém perder. E, mesmo assim, alguém tem que perder para alguém ganhar, certo? E já que não é razoável — e nem justo — que você sempre vença, então é muito importante que aprenda a perder bem.

Perder bem significa não ter um ataque de raiva, acusando os outros de trapacear ou de ter uma má atitude. Também significa ficar feliz pelos outros e agradecida pela oportunidade de jogar. Lembre-se, vencer não faz você ser uma pessoa melhor. Mas ganhar ou perder com uma boa atitude faz você ser o tipo de pessoa com quem os outros gostam de jogar.

Sugestão de oração

Senhor, ajude-me a vencer, perder e jogar de uma maneira que demonstre a sua graça.

Online no tempo certo

10º dia

Para tudo há uma ocasião certa; há um tempo certo para cada propósito debaixo do céu.

Eclesiastes 3:1

A mentira: preciso estar no auge das últimas tendências tecnológicas.

— Mamãe, preciso que me ajude a criar uma conta na internet — disse Kassandra.

— Uma conta em qual site? — perguntou sua mãe.

— Não é grande coisa. Só quero postar algumas fotos.

— Você não é muito jovem para isso? — respondeu sua mãe, ficando preocupada.

— Não, todas as minhas amigas estão fazendo isso.

Sua mãe franziu as sobrancelhas.

— Pode ser o que todo mundo está fazendo, mas acho que não seja algo sábio para você, enfim, não nesta idade.

A verdade é . . .

O tempo certo é importante. Infelizmente, aprender a esperar pelas coisas que queremos agora mesmo pode ser muito difícil, principalmente quando nossas amigas ou os irmãos mais velhos não estão tendo de esperar por isso. Muitos sites de mídia social parecem ser divertidos, com fotos de todas as coisas ótimas que parece que todo mundo (menos

você) está fazendo. Mas as restrições de idade nesses sites existem por um motivo. E a sua mãe, apesar da possível falta de conhecimento tecnológico, *sabe* muito bem sobre estar segura na internet.

Em vez de se apressar para ser como todo mundo, aprenda, em vez disso, a ter equilíbrio, e tente construir relacionamentos pessoais. Na medida em que você cresce em Deus e aprende como se relacionar bem com os outros na vida real, ficará melhor equipada quando o tempo certo chegar, para lidar com as vantagens e os problemas da vida online.

Sugestão de oração

Deus, ajude-me a ser paciente e a confiar que o Senhor deu aos meus pais a sabedoria para me guiar.

A cova da bajulação de pessoas

11º dia

> Acaso busco eu agora a aprovação dos homens ou a de Deus? Ou estou tentando agradar a homens? Se eu ainda estivesse procurando agradar a homens, não seria servo de Cristo.
>
> Gálatas 1:10

A mentira: tenho a necessidade de que todos gostem de mim.

O estômago de Erika dói com o estresse de tudo isso. Jéssica e outras meninas queriam que ela se juntasse a elas no time de futebol. Mas Erika sabia que foi mais abençoada por Deus para a dança. *Se eu escolher dançar em vez de jogar futebol, todas as meninas irão ficar bravas comigo e irão me ignorar,* raciocinou Erika. *E não quero ter de lidar com isso pelo resto do ano.*

No outro dia, Erika contou para a mãe que ela ia entrar no time de futebol.

— É mais fácil assim — concluiu ela.

A verdade é . . .

Nós realmente devemos agradar a uma única pessoa, e você não irá encontrá-la na sua agenda. Deus diz que ele é o único que merece que façamos esforço para agradar! A notícia maravilhosa é que ele já está satisfeito com você. Então, toda aquela pressão que sente quando tenta fazer todos felizes pode sair imediatamente dos seus ombros.

Deus não lhe deu a tarefa impossível de fazer com que todo mundo goste de você. Mas ele pediu que você o siga, prestando bastante atenção à sua voz e fazendo o que ele a chamou para fazer.

Quando você busca agradar a Deus em vez de agradar às pessoas, a sua felicidade e senso de propósito vai aumentar em Deus, seja o que os outros possam fazer ou dizer.

Sugestão de oração

Deus, eu quero agradá-lo em tudo que digo e faço. Ajude-me a manter meu foco no Senhor, e não nas minhas amigas.

Trabalhando por diversão

12º dia

Esforcem-se para ter uma vida tranquila, cuidar dos seus próprios negócios e trabalhar com as próprias mãos, como nós os instruímos.

1Tessalonicenses 4:12

A mentira: preciso ter diversão o tempo todo.

— Mamãe, estou com tédio — resmungou Linda. — O que vamos fazer hoje?

— Bem — respondeu a mãe —, tenho uma montanha de roupa para lavar, e depois eu ia levar uma refeição para aquela senhora da nossa igreja que passou por uma cirurgia. Você quer me ajudar com isso?

— Isso não é divertido — lamentou Linda enquanto saía do quarto.

A verdade é . . .

O trabalho não é resultado do pecado no mundo, mas a nossa má atitude com relação a ele é. Mesmo no Jardim do Éden, antes da Queda, Adão teve que dar nome aos animais e cultivar o jardim (Gênesis 2:15, 19-20). O trabalho é uma parte daquilo que Deus criou para fazermos. Mas quando deixamos que nossos próprios desejos egoístas assumam o controle, trabalhar — desde fazer a tarefa escolar à jardinagem, ao serviço comunitário e muito mais — parece ser uma obrigação. Acrescente a isso todas as opções de entretenimento ao nosso redor, desde ir às compras, ao cinema, aos computadores, e começamos realmente a acreditar que merecemos estar entretidas a cada momento do dia.

Mas a verdade é que a vida como uma filha de Deus envolve tanto o trabalho quanto a diversão, tudo para ser realizado com uma atitude de gratidão e alegria. Então, seu papai pediu para que você limpe o jardim? Ajude com um coração alegre. A sua amiga a convidou para um torneio de futebol? Jogue com gratidão. Sentindo tédio? Olhe ao seu redor para ver como pode servir. Ao trabalhar duro, você serve a Deus, abençoa as outras pessoas e descobre outro nível de diversão e recompensa.

Sugestão de oração

Senhor, ajude-me a parar de procurar por entretenimento e a começar a encontrar meios de abençoar os outros.

Preste atenção em mim!

13º dia

[...] que a sua mão esquerda não
saiba o que está fazendo a direita,
de forma que você preste a sua ajuda
em segredo. E seu Pai, que vê o que é
feito em segredo, o recompensará.

Mateus 6:4

A mentira: preciso ser notada e apreciada.

— Percebeu algo diferente? — perguntou Tânia para sua irmã, Aline.

— Não, o quê? — respondeu Aline, sem fazer a menor ideia.

Brava, Tânia falou sem pensar:

— Os seus brinquedos! Eu arrumei toda a sua bagunça!

Então, Tânia desceu as escadas para falar com a mãe.

— Mamãe, ninguém jamais dá valor a todo o trabalho que faço aqui — reclamou ela.

Sua mãe respondeu gentilmente:

— Sei como você se sente, Tânia. Mas existe alguém que sempre vê o bem que fazemos — ela fez a menina se lembrar. — Afinal de contas, é para ele que trabalhamos, certo?

A verdade é . . .

A mãe de Tânia atingiu em cheio o problema da filha. Tânia estava fazendo um ótimo trabalho ao servir sua irmã, mas a bondade desapareceu quando

ela exigiu atenção e buscou por agradecimento. Em vez disso, Jesus quer que sigamos seu exemplo. Ele certamente ficava ocupado servindo os discípulos e as multidões que o seguiam, mas sua intenção não era receber glória para si mesmo (embora ele fosse realmente digno). Tudo o que ele fez foi para conduzir o povo ao Pai.

O nosso serviço deve ser o mesmo. Quando amamos e servimos em segredo, temos a alegria de abençoar os outros de um jeito que só Deus recebe a glória. Mas também sabemos que nosso Pai celestial está nos observando e prometeu premiar-nos pelo bem que fazemos em segredo.

Sugestão de oração

Deus, quero levar as pessoas a verem como o Senhor é bom, e não eu. Ajude-me a servir em segredo.

Ser fã

14º dia

Sejam filhos de Deus, vivendo sem nenhuma culpa no meio de pessoas más, que não querem saber de Deus. No meio delas vocês devem brilhar como as estrelas no céu, [...]

Filipenses 2:15

A mentira: preciso ser famosa.

Márcia estava assistindo ao seu programa de TV favorito, o de competição de cantoras. Para a final, tinham apenas duas concorrentes.

— Eu daria tudo para estar no palco assim — ela disse em voz alta para seu irmão. — Não seria formidável todo mundo saber seu nome e achar que você é muito talentosa?

— Acho que seria muito divertido por um tempo — concordou ele.

— Sim, e em todo lugar que você fosse, as pessoas o conheceriam, e poderia ir para qualquer lugar que quisesse.

— É verdade, mas a fama parece ter suas desvantagens — respondeu ele, pensativo.

A verdade é . . .

Parece que todo mundo deseja se tornar a próxima *superstar*. Mas por quê? Qual é o xis da questão de querer ficar famosa? A verdade é que todas nós temos um medo, bem lá no fundo, de que não somos especiais.

Achamos que somos somente uma das bilhões de pessoas neste planeta que não faz nada para dar ao nosso curto tempo nesta terra algum significado especial. Então imaginamos que, se podemos ter uma ótima carreira ou nos tornar uma cantora ou política famosa, iremos nos destacar. As pessoas irão reparar em nós. Teremos importância.

Mas Deus lhe diz, filha de Deus, que você tem importância, porque ele vê você (entre todas as bilhões de pessoas) e a ama. E porque o Espírito dele habita em seu interior, você já brilha como uma estrela em um universo sombrio. Mesmo se as pessoas ao seu redor não podem ver isso agora, o céu todo vê.

Não fique presa na busca em vão pela fama. Pelo contrário, trabalhe muito para fazer Deus, seu Pai, ser conhecido.

Sugestão de oração

Quero que minha vida reflita o quanto o Senhor é brilhante. Obrigada por me amar!

A mentira perfeita

15º dia

Não há um só justo na terra, ninguém que pratique o bem e nunca peque.

Eclesiastes 7:20

A mentira: jamais posso cometer erros.

— É o que queria fazer — mentiu Sarah para a irmã, Alice.

— É claro, você quis cair sentada — disse Alice, rindo.

— Pare de caçoar de mim — resmungou Sarah enquanto saía irritada da cozinha.

— Por que você jamais consegue relaxar? — gritou Alice com ela. — Quero dizer, é como se você jamais pudesse admitir quando erra. Você não é perfeita, você sabe disso!

A verdade é . . .

Por mais que incomode a Sarah admitir isso, Alice tem razão. Sarah não é perfeita, e ninguém mais é. Quanto mais difícil é sempre tentarmos parecer certas e sem defeitos, mais infelizes ficaremos. Fingir ser perfeita é cansativo!

Em vez disso, Deus quer que sejamos humildes, entendendo que todas somos pecadoras, que dizemos e fazemos coisas erradas, às vezes, e que todas precisamos de ajuda. Felizmente, Jesus ama ajudar as meninas humildes de coração. Então, quando cometer um erro, desista de escondê-lo. Confesse-o e sorria. A graça de Deus é bem maior do que os seus erros, e o seu amor não tem fim.

Sugestão de oração

Obrigada, Senhor, porque sua perfeição é suficiente para cobrir todos os meus erros.

Preencha:

Quais mentiras você tem dito a si mesma? Como você pode substituí-las com as verdades de Deus?

PERSONAGENS BÍBLICOS ADMIRÁVEIS

Eva

16º dia

A primeira em beleza e graça

[Deus] deu-nos vida com Cristo, quando ainda estávamos mortos em transgressões — pela graça vocês são salvos.

Efésios 2:5

À primeira vista, Adão ficou maravilhado com Eva — a resposta de Deus para a necessidade profunda de Adão por uma companhia igual a ele. Quando Deus percebeu que Adão estava carente, ele criou Eva da própria costela de Adão. (Felizmente, primeiro Deus fez Adão dormir!)

Eva foi a primeira mulher, o começo de uma bela obra que continuaria através dos séculos. Infelizmente, o reinado de Eva como a rainha do Éden acabou quando ela escolheu desobedecer às ordens de Deus, ouvindo a cobra astuta (Satanás). Adão se uniu a ela, e os dois ficaram separados de Deus por causa de seus pecados. Entretanto, Deus amou muito seu povo para terminar a história ali. Deus prometeu enviar um Salvador que podia apagar seus pecados e uni-los de volta a Deus. (Leia a história completa em Gênesis 2-3). Muitos anos depois, Jesus veio e cumpriu a promessa de Deus (1João 3:8). Por causa de Deus, Eva não seria mais conhecida somente como a primeira mulher bela que pecou. Agora, ela também é conhecida como a primeira mulher que conhece a graça salvadora de Deus.

Sugestão de oração

Senhor, obrigada por sua bela graça e seu perdão.

Aquele que estava sozinho

Como é estreita a porta, e apertado o caminho que leva à vida! São poucos os que a encontram.

Mateus 7:14

Se todos na sua classe começassem a conversar porque a professora saiu da sala, você ficaria quieta e faria seu trabalho? Se seus irmãos decidissem levar a comida escondido para seus quartos (mesmo que a ordem da sua mãe seja comer os alimentos somente na mesa da cozinha), você também desobedeceria? Quando muitas pessoas fazem a escolha errada, começa a parecer que está tudo bem, o que torna mais difícil ficar do lado do que é certo.

Simplesmente pergunte a Noé. Todos ao redor dele escolhiam desobedecer a Deus, ainda assim ele manteve seus olhos em Deus. Ele ouviu o que Deus lhe disse e o obedeceu, mesmo que todo mundo possa ter pensado que ele era louco por construir um barco no deserto.

Noé e sua família eram as únicas pessoas que sobreviveram à grande enchente que Deus enviou para destruir o mal no mundo. Mesmo que a história seja um pouco assustadora (você pode ler a história completa em Gênesis 6—9), é um grande lembrete do quanto é importante se manter fiel a Deus, em vez de se manter fiel ao mundo. Do modo grande (como construir um barco no deserto) ou do modo pequeno (trabalhar em silêncio e escolher honrar a mamãe), seguir a Deus traz a maior bênção — para si mesma e para os outros ao seu redor.

Sugestão de oração

Pai, ajude-me a ouvir sua voz e segui-lo, em vez de seguir o mundo.

O fiel

Cumpriu-se assim a Escritura que diz: "Abraão creu em Deus, e isso lhe foi creditado como justiça", e ele foi chamado amigo de Deus

Tiago 2:23

Quando Deus disse a Abrão para ir para uma nova terra, ele arrumou as malas e se mudou. Quando Deus lhe disse que ele teria mais descendentes do que as estrelas no céu, Abrão creu — e Deus mudou seu nome para Abraão, que significa "pai de multidões". Quando Deus lhe disse que ele teria um filho, Abraão observou e esperou, apesar de passar muito tempo. E quando Deus pediu que ele sacrificasse Isaque, seu filho amado, Abraão obedeceu, até Deus pará-lo no último segundo (Gênesis 12; 17; 21-22, a incrível história de Abraão).

Então, o que faz Abraão ser tão extraordinário? Abraão acreditava que Deus ia cumprir cada promessa que ele fez. A incrível história de Abraão nos faz lembrar que o segredo para agradar a Deus não está naquilo que podemos fazer para ele, mas em crer em quem Deus é e confiar naquilo que ele diz.

E você? Você crê que Deus tem um plano para você, e que cada pedacinho desse plano é tão bom quanto o que ele prometeu para Abraão? Então, diga "sim" para Deus e receba a aprovação dele. Você está caminhando nos passos da fé do Pai Abraão.

Sugestão de oração

Pai, creio que o Senhor é fiel para manter todas as suas promessas. Obrigada por me amar tanto!

A senhora que espera

Espere no Senhor. Seja forte!
Coragem! Espere no Senhor.

Salmos 27:14

Sara lidava com as mudanças de um lugar para outro como uma heroína. Ela confiava que Deus cuidaria dela quando Abraão lhe disse para seguir algumas ordens muito perigosas. Mas esperar um bebê? Sara não tinha certeza se podia fazer isso. Os anos se passaram, e ela ainda não tinha um bebê para segurar em seus braços. Então, ela entrou em pânico e fez com que sua serva, Hagar, desse à luz a um filho de Abraão no lugar dela. Mas aquela não foi a maneira de Deus para cumprir sua promessa.

Enquanto Sara esperava, ela ficou mais velha. Mas um dia Deus enviou um anjo para lhe dizer que ela ia ter um bebê! As rugas em seu rosto se amarrotaram em um sorriso, e depois deu uma gargalhada. *Como pode uma mulher da minha idade ter um bebê?*, pensou ela. Mas, em menos de um ano, Sara teve Isaque, o bebê tão esperado (Gênesis 21:1-7).

A história de Sara nos mostra a beleza de se esperar em Deus — e os problemas que surgem quando não esperamos. Se preocupar ou tentar fazer as coisas acontecerem do jeito que queremos somente nos deixa decepcionadas e nos afastam de vermos Deus fazer milagres. Quando aprendemos a esperar com paciência em Deus para prover as nossas necessidades, aprendemos a confiar que ele fará o bem com sua promessa.

Sugestão de oração

Deus, ajude-me a ser paciente e a esperar
no Senhor para que me guie e me use.

Aquela que foi vista

Até os cabelos da cabeça de vocês estão todos contados. Não tenham medo; vocês valem mais do que muitos pardais!

Lucas 12:7

Já se sentiu esquecida, como se ninguém realmente se importasse com você? Estar sozinha pode nos deixar assustadas. Mas, às vezes, Deus nos leva para esses lugares solitários para que enxerguemos que ele está conosco.

Simplesmente pergunte para Hagar, a serva de Sara, que foi forçada a dar à luz a uma criança porque Sara não podia ter uma. Mas quando Deus deu para Sara o filho que ela sempre quis, Sara disse para Abraão mandar Hagar e seu menino embora. Então, Hagar foi expulsa da família. Vagueando pelo deserto com seu filho, Hagar percebeu que ela estava totalmente sozinha e iria morrer daquele jeito.

Mas Deus a viu. Na verdade, ele os salvou, mostrando a eles onde encontrar água fresca e como viver (Gênesis 21:9-20).

A história de Hagar é um belo lembrete de que, seja onde você for ou o que você fizer, Deus vê, se importa e está com você. Só ele é poderoso para salvá-la e caminhar com você todos os dias da sua vida.

Sugestão de oração

Senhor, por causa do seu amor, jamais estou sozinha. Obrigada por ser meu Salvador e amigo para sempre.

Aquela que corre riscos

O Senhor, o Soberano, me ajuda, não serei constrangido. Por isso eu me opus firme como uma dura rocha, e sei que não ficarei decepcionado.

Isaías 50:7

A jovem Rebeca só estava tirando água do poço para as ovelhas, como ela fazia todos os dias, quando ela viu um homem desconhecido perto do poço. De repente, ela teve a forte sensação de que ela devia dar água para os camelos dele. Então ela deu. (Mal ela sabia que o desconhecido estava orando a Deus naquele momento para a mulher certa dar água para seus camelos). Quando ela terminou, o homem a recompensou com belas joias de ouro e lhe disse que acreditava que Deus a tinha escolhido para se casar com seu senhor, Isaque.

— Você está disposta a deixar sua família e me seguir até meu senhor, Isaque, para se casar com ele? — o servo queria saber.

— Sim! — decidiu Rebeca.

Mesmo que fosse um salto de fé assustador, ela sabia que Deus tinha preparado uma aventura emocionante pela frente, se ela simplesmente obedecesse e seguisse o plano de Deus. Rebeca correu o risco porque ela e sua família confiavam em Deus e acreditavam que ele nunca falha com seu povo. (Veja Gênesis 24:12-58 para a história completa).

O que Deus pediu para você fazer hoje?

Sugestão de oração

Deus, o seu caminho é sempre certo. Por favor, ajude-me a confiar no Senhor e a segui-lo.

Lia

22º dia

Aquela que se sentia mal-amada

Eu te louvo porque me fizeste de modo especial e admirável.

Salmos 139:14

É bem possível que Lia sempre tenha sabido que sua irmã mais nova era mais bonita do que ela. Quando Jacó veio à terra delas pela primeira vez, foi Raquel quem chamou atenção dele e ganhou seu amor. Mas, após Jacó ter trabalhado sete anos para se casar com Raquel, Lia e o pai armaram para que Jacó se casasse com ela. É claro que isso deixou Jacó triste, então ele trabalhou mais sete anos para se casar com Raquel.

Por toda sua vida, é muito provável que Lia soubesse que ela não era a mais linda ou a mais querida no grupo. No entanto, Deus a amava. Ele a escolheu para ser a mãe de muitos filhos, que cresceram para ser os líderes de Israel. Ele tinha grandes planos para Lia, que era bem mais importante do que sua aparência (Leia sobre Lia em Gênesis 30:16-35).

Talvez você se identifique com Lia. Às vezes, os amigos podem ser maus e nos deixar fora do grupo ou nos fazer sentir sem importância. E, se acreditarmos que as outras pessoas aparentam ser melhores do que nós, podemos nos sentir mal com nós mesmas. Mas a história de Lia nos deixa saber que, seja lá o que for, você é um tesouro aos olhos de Deus, e ele a prometeu um futuro cheio de esperança e seu amor sem fim.

Sugestão de oração

Pai, o seu amor por mim significa que sou especial. Obrigada por me criar do jeito que sou.

Aquele que perdoa

Suportem-se uns aos outros e perdoem as queixas que tiverem uns contra os outros. Perdoem como o Senhor lhes perdoou.

Colossenses 3:13

Os seus irmãos já fizeram alguma maldade a você? Talvez eles tenham quebrado seu brinquedo preferido ou a chamaram por um nome mau. Quando as pessoas íntimas nos machucam, a dor pode ser muito profunda e difícil de curar.

Imagine como José se sentiu. Um dia, ele saiu para o campo, onde seus irmãos estavam cuidando das ovelhas, para ver como eles estavam, e eles o jogaram em um poço seco. Alguns até queriam matá-lo. Finalmente, os irmãos decidiram vender José para os mercadores egípcios. No Egito, José foi para a prisão, embora ele não tivesse feito nada de errado.

Mas José sabia que Deus estava no controle e o amava. Anos depois, quando José ficou responsável pelo alimento no Egito, seus irmãos vieram até ele porque eles e sua família estavam morrendo de fome. Em vez de ficar bravo, José disse:

— Vocês pretendiam fazer mal a mim, mas Deus pretendia fazer o bem. (Leia a história completa em Gênesis 37—45).

Seja lá o que acontecer, sabemos que Deus prometeu fazer tudo para o nosso bem. Ele nos dá o poder de que precisamos para perdoar os outros e manter uma atitude de amor em relação a todos que coloca em nossa vida.

Sugestão de oração

Jesus, ajude-me a perdoar os outros do jeito que o Senhor me perdoou.

A menina que ajudou

Temam o SENHOR, o seu Deus, e só a ele prestem culto, e jurem somente pelo seu nome.

Deuteronômio 6:13

Os tempos eram difíceis. O novo faraó tinha ordenado que todos os meninos israelitas fossem mortos. Mas Joquebede e Anrão não obedeceram às ordens quando o bebê Moisés nasceu. Em vez disso, Joquebede cuidou de Moisés, até que ele ficou bem grande para ser escondido, e então fizeram um cesto flutuante para colocá-lo no rio perto do palácio do Egito.

Miriã, a irmã mais velha de Moisés, observou o cesto flutuante, até que ele foi encontrado pela filha do faraó, que estava ali perto tomando banho. Quando a princesa viu, ela mandou que suas servas buscassem o cesto. Ela quis ficar com o bebê, mas como ela iria cuidar dele?

— Encontrarei uma mulher hebreia que pode cuidar dele para você — ofereceu Miriã com ousadia.

A princesa concordou alegremente com a ideia de Miriã! Então, Miriã chamou sua mãe para cuidar de Moisés, até que ele tivesse idade suficiente para estar na corte do faraó (Êxodo 2:1-10).

Você gosta de ajudar sua família? Ir à padaria ou passar o aspirador de pó pode não parecer tão glamouroso quanto o incrível papel de Miriã, mas cada parte que fazemos ao ajudar o povo de Deus é importante. Isso molda nosso caráter para sermos como Jesus, e Deus usa nossos gestos de bondade para expandir seu reino, uma ajuda de cada vez.

Sugestão de oração

Senhor, ajude-me a ver as necessidades ao meu redor e a me dispor para ajudar sempre que puder.

Aquele que falou com Deus

Sempre que forem presos e levados a julgamento, não fiquem preocupados com o que vão dizer. Digam tão somente o que lhes for dado naquela hora, pois não serão vocês que estarão falando, mas o Espírito Santo.

Marcos 13:11

Você gosta de falar diante de multidões? Moisés não gostava. Mas quando ele se encontrou com Deus na sarça ardente, Deus lhe deu uma ordem clara:

— Volte para o Egito e diga ao faraó para libertar meu povo.

Moisés não queria voltar para onde ele era odiado. (Ele tinha matado um egípcio havia alguns anos, e faraó queria ele morto). Sobretudo, ele não queria ficar diante do faraó para exigir a liberdade dos hebreus.

Mas era o que Deus queria que Moisés fizesse. E ele garantiu a Moisés que o ajudaria em sua fraqueza. Ele até permitiu Arão, o irmão de Moisés, estar do seu lado e falar por ele. Então usou os dois para derrotarem faraó e libertarem seu povo da maneira mais imaginável no Mar Vermelho. (Você pode ler sobre Moisés em Êxodo 3—14).

E você, quais são suas maiores fraquezas? Lembre-se da história de Moisés e entenda que o Deus que ajudou Moisés também ajuda você. Você tem tudo o que precisa para obedecer e triunfar fazendo qualquer coisa que Deus pedir para fazer.

Sugestão de oração

Pai, quando estou fraca, o Senhor é forte. Dê-me a força necessária para obedecê-lo.

Josué e Calebe

26º dia

Os dois homens que viram a grandeza de Deus

Filhinhos, vocês são de Deus e os venceram, porque aquele que está em vocês é maior do que aquele que está no mundo.

1João 4:4

Moisés enviou 12 espias para olhar a terra que Deus tinha prometido dar ao seu povo. Cada espia voltou concordando que a terra era maravilhosa e cheia de todas as coisas boas que Deus tinha prometido. Mas dez dos 12 disseram que ela também tinha gigantes assustadores vivendo lá. Eles não achavam que Deus era grande o bastante para lidar com tais guerreiros intimidadores.

Mas Josué e Calebe, os outros dois espias, viram a situação de modo bem diferente: eles se lembraram do quanto Deus tinha sido grande em prover para seu povo e acreditavam que Deus iria manter sua bondade. Como resultado, só Josué e Calebe foram permitidos por Deus para entrarem na terra prometida quando chegou a hora (Números 13-14:9,30).

Você tem algum gigante em sua vida? Não as pessoas altas, mas as situações em sua família, ou na escola, ou na igreja, que parecem ser muito grandes para você lidar? Volte-se para Deus, assim como Josué e Calebe fizeram, e pense em todas as maneiras que Deus a ajudou no passado. Ele é fiel para ajudar você a vencer todos os seus medos, à medida que ele a fortalece e a guia pelo caminho.

Sugestão de oração

Deus, nada é difícil para o Senhor, que é meu protetor e provedor!

Raabe

27º dia

Aquela que começou de novo

Eu e a minha família serviremos ao SENHOR.

Josué 24:15

Raabe era uma das inimigas de Israel. Nascida e crescida em Jericó, ela tinha feito muitas más ações que deixaram Deus bravo com a nação. Mas quando ela ouviu sobre Deus, ela quis mudar de lado.

Então, quando Israel enviou espias para Jericó, ela os escondeu em sua casa e os ajudou a escapar, em troca da segurança de sua família quando Israel veio atacar a cidade. Porque Raabe escolheu ficar do lado de Deus e seu povo, só ela e sua família sobreviveram quando Deus derrubou as muralhas de Jericó, e os soldados de Israel destruíram cada coisa vivente na cidade. E o melhor de tudo: Raabe foi aceita na família hebreia e se casou com um dos espias que ela ajudou naquela noite decisiva (Josué 2; 6:22-25).

Às vezes, nos encontramos em uma situação como a de Raabe. Percebemos que temos vivido uma vida que desagrada a Deus. Mas a história de Raabe nos dá grande esperança! Deus sempre nos recebe quando nos voltamos para ele em busca de ajuda. Então, confesse suas más escolhas a Deus e peça para ajudá-la a se tornar a pessoa que ele deseja que você seja. Deus sempre fica feliz em receber um novo membro na família!

Sugestão de oração

Pai, por favor, perdoe meu pecado de ____________________.
Salve-me e me faça sua.

O menino com um grande Deus

O SENHOR, o seu Deus, luta por vocês, conforme prometeu. Por isso dediquem-se com zelo a amar o SENHOR, o seu Deus.

Josué 23:10-11

Todos deram uma olhada em Davi e resmungaram:

— Ele é só um menino! Golias é forte e um soldado poderoso!

Aparentemente, não parecia que Davi, o menino pastor, era a escolha certa para ir contra o grande guerreiro filisteu, e muita coisa estava em jogo. O vencedor da luta venceria a guerra inteira. O perdedor faria da sua nação escravos do vencedor. Mas as semanas tinham passado, e apesar do gigante Golias aparecer todo dia para zombar de Israel e do seu Deus, ninguém tinha coragem de lutar — até Davi ouvir o que estava acontecendo.

Davi não teve que pensar duas vezes. Ele não podia ficar parado, ouvindo Golias dizer todas aquelas coisas horríveis contra o Deus que ele amava e servia.

— Deus vai me proteger de Golias e me ajudar a vencer, assim como ele me ajudou muitas vezes contra os animais selvagens que atacaram minhas ovelhas — explicou Davi ao Rei Saul e aos outros.

Eles finalmente concordaram, e o resto é história. Com uma única pedra de sua funda, Davi atingiu Golias na cabeça e o matou com a própria espada do gigante (1Samuel 17).

Você se sente muito pequena, jovem ou sem talento para fazer qualquer grande coisa na vida? Então, lembre-se de Davi, mas não só

pelo combate com Golias. A fé de Davi em Deus era tão forte porque ele tinha aprendido como confiar em Deus nos testes diários da vida, por menores que fossem. Hoje, olhe para Deus trabalhando em sua vida, ensinando-a a confiar nele, pedindo por força. A idade e o tamanho não têm importância quando você está do lado de Deus.

Sugestão de oração

Pai, ajude-me a amar e a confiar no Senhor como fez Davi, para que eu esteja preparada para ser fortalecida pelo Senhor quando chegar a hora.

A rainha de Sabá

A mulher da sabedoria

Se algum de vocês tem falta de sabedoria, peça-a a Deus, que a todos dá livremente, de boa vontade; e lhe será concedida.

Tiago 1:5

Salomão foi o homem mais sábio que já viveu. Mas a rainha de Sabá mostrou sua própria inteligência quando ela deixou seu reino em busca da fonte da grande sabedoria de Salomão. Ela queria conhecer a Deus para que ela também pudesse governar melhor seu reino (2Crônicas 9:1-8).

Salomão não a decepcionou. E nem Deus irá decepcioná-la quando você buscar entender e conhecê-lo mais. A rainha de Sabá nos faz saber que os tesouros, como a sabedoria e o caráter, são bens mais preciosos do que o ouro e a prata, e eles valem a pena o nosso esforço e energia de buscá-los na fonte: Deus.

Então, como você busca sabedoria de Deus? Apenas peça a ele. Deus diz que ele fica feliz ao nos dar tudo de que precisamos, para que possamos caminhar nesta vida com confiança em quem somos e no que estamos fazendo. O próprio Deus é o nosso tesouro, a grande recompensa por buscar viver uma vida que o honra e agrada.

Sugestão de oração

Jesus, toda a sabedoria vem do Senhor. Por favor, dê-me entendimento para que eu siga todos os seus caminhos.

Josias

30º dia

O rei que se arrependeu

Como pode o jovem manter pura a sua conduta? Vivendo de acordo com a tua palavra.

Salmos 119:9

O rei Josias foi coroado com oito anos de idade e trabalhou duro para fazer o que é certo aos olhos de Deus. Um dia, enquanto seus trabalhadores estavam consertando o templo de Deus, eles acharam o Livro da Lei. O sumo sacerdote enviou o livro para Josias, e o rei percebeu o quanto o povo de Deus tinha se distanciado de seus caminhos. Josias rasgou suas vestes e se arrependeu clamando a Deus. Hulda, uma profetisa, disse a Josias que seu coração terno para com Deus tinha o agradado. Entretanto, o reino de Judá seria destruído pelo seu pecado, Josias viveria em paz e não teria de testemunhar isso em sua vida (2Reis 22).

Deus leva o pecado muito a sério porque ele é um Deus perfeito e Santo. Felizmente, não temos que nos comportar perfeitamente para Deus nos amar, mas temos que caminhar nos passos de Josias. Para saber como honrar o Senhor, devemos estudar sua Palavra e aplicá-la, obedecendo-o e se arrependendo com um coração manso, sempre que entendermos que nos desviamos da verdade.

Sugestão de oração

Pai, por favor, crie em mim um coração que obedeça ao que o Senhor diz.

Maria, mãe de Jesus

31º dia

Aquela que refletiu

Finalmente, irmãos, tudo o que for verdadeiro, tudo o que for nobre, tudo o que for correto, tudo o que for puro, tudo o que for amável, tudo o que for de boa fama, se houver algo de excelente ou digno de louvor, pensem nessas coisas.

Filipenses 4:8

Para uma menina hebreia comum, Maria já tinha visto algumas coisas muito incríveis em sua vida de adolescente. Do nada, um anjo apareceu para ela, dizendo-lhe que ela teria um bebê pelo poder do Espírito de Deus. Deus também enviou um anjo para explicar as coisas para José, o homem com quem ela estava prestes a se casar. Mas a estranheza não parou aí. Deus escolheu Maria para ter o bebê Jesus em Belém, um vilarejo longe da cidade deles, em um estábulo frio, onde o cocho de um animal se tornou a cama do bebê, o Filho de Deus. De repente, um bando de pastores malcheirosos apareceu, perguntando se eles podiam adorar Jesus! A mente de Maria devia estar girando com todas as coisas estranhas que estavam acontecendo com ela e ao seu redor. Mas ela sabia que Deus estava no controle, e a Bíblia diz que ela guardava todas essas coisas no coração (Lucas 1:26-38;2:1-19).

Você sabe o que significa ponderar? Significa que ela estava pensando em tudo o que estava acontecendo e levando em conta como Deus planejava usar todos esses acontecimentos para ajudar seu povo.

Você possui ocasiões incomuns em sua vida? Em vez de somente viver o dia sem fazer nenhuma observação especial, pondere esses acontecimentos em seu coração assim como Maria ponderou. O que acha que Deus está mostrando para você? Como Deus está usando essa situação para atraí-la para ele em fé e confiança?

Sugestão de oração

Pai, nada acontece comigo por acaso, porque o Senhor está no controle de todas as coisas. Dê-me olhos para vê-lo e um coração que medite sobre quem o Senhor é.

Isabel

32º dia

A mulher que ouviu

Então Jesus lhe disse: "Porque me viu, você creu? Felizes os que não viram e creram."

João 20:29

Desde que ele saíra do tabernáculo, Zacarias — marido de Isabel e sacerdote — vinha agindo de forma estranha. Ele podia gesticular com suas mãos, mas nenhuma palavra saía de sua boca. Acontece que um anjo tinha dito a Zacarias que ele seria pai, mas Zacarias não acreditou nele. Deus não ficou muito feliz com isso, então Zacarias perdeu a capacidade de falar por certo tempo.

O filho de Zacarias e Isabel não era uma criança comum. O menino se tornou João Batista, o homem que Deus escolheu para preparar o mundo para seu Filho que viria, Jesus. Ao contrário de Zacarias, Isabel acreditou imediatamente nas boas-novas e comemorou a bondade de Deus para com ela. Quando o bebê de Isabel nasceu, eles o chamaram de João, em obediência às instruções do anjo, e Zacarias recuperou sua fala (Lucas 1).

Ainda que algumas regras ou instruções na Palavra de Deus possam parecer muito difíceis de seguirem ou muito diferentes do normal, a história de Isabel nos faz lembrar que viver a vida nos caminhos de Deus pode não fazer sentido naquele momento, mas, se confiarmos nele totalmente, Deus irá nos levar aos planos maravilhosos que ele tem para nossa vida.

Sugestão de oração

Deus, seu entendimento é maior que o meu. Por favor, ajude-me a confiar no Senhor ao seguir a sua Palavra.

Aquela que louvou

Aleluia! Louvem o nome do SENHOR;

louvem-no, servos do SENHOR.

Salmos 135:1

Maria, Marta e Lázaro — uma família próxima e querida de Jesus — já tinham visto e aprendido muito sobre o Mestre. Antes, Marta tinha aprendido que era melhor se sentar aos pés de Jesus e ouvir do que se cansar com os afazeres desnecessários. Todos haviam testemunhado o milagre de Jesus ressuscitando Lázaro dos mortos. E, agora, todos estavam juntos novamente com Jesus, jantando.

Mas Maria levou seu amor e devoção ainda mais longe. Ela pegou um jarro de um perfume muito caro, o abriu e o derramou nos pés de Jesus, enxugando-os com seus próprios cabelos. Seu gesto demonstrou como ela se sentia honrada em estar na presença de Jesus e o quanto ela o amava e valorizava. Ainda que o apóstolo Judas achasse que isso era um desperdício, Jesus disse que era algo belo (João 12:1-8).

Mais do que tudo, Deus quer o nosso coração. Quando nos humilhamos e o adoramos, tocamos o coração de Deus — seja com o perfume de Maria ou com canções e danças como o rei Davi, ou se ajoelhando em oração e louvor como os anjos ao redor do trono de Deus. Você está disposta a mostrar seu amor a ele com a sua vida e o seu louvor?

Sugestão de oração

Pai, o Senhor se deleita quando o adoramos. Encha meu coração e meus lábios com o seu louvor.

Aquela que desejava profundamente

Respondeu Jesus: "Eu sou o caminho, a verdade e a vida. Ninguém vem ao Pai, a não ser por mim."

João 14:6

Ela nunca o tinha visto antes, o homem ao lado do poço de Jacó. Mas quando Jesus falou com ela, ela não conseguiu resistir às suas perguntas.

— Você vai me dar água para beber? — perguntou ele para a samaritana.

Ela ficou surpresa, porque os judeus, que odiavam os samaritanos como ela, nunca falavam com eles. Mas antes que ela soubesse, Jesus estava falando sobre um tipo de água viva que ele possuía, e ela não.

— Senhor, de onde vai tirar essa água viva? — ela perguntou em voz alta.

Então, quando ela aprendeu que isso acabaria com sua sede para sempre, ela implorou:

— Senhor, dá-me dessa água!

Mas, primeiro, Jesus queria que ela fosse honesta. Ele lhe disse que sabia que ela estivera com muitos homens e que ela não era casada com aquele com quem ela estava vivendo agora. Ela buscou ajuda e esperança nas pessoas, em vez de buscar em Deus. Porém, agora, Jesus estava lá, oferecendo-lhe vida — a água viva — que jamais acabaria.

Ela entendeu e recebeu a verdade de Jesus. Então, a mulher samaritana

correu de volta para a cidade, convidando a todos para virem falar com Jesus e encontrarem a verdade. A mulher samaritana, que tinha tanta sede de esperança, se enchera do amor transbordante de Jesus e precisava compartilhar isso com todo mundo (João 4:5-42).

Você conhece o amor de Jesus como a mulher do poço? Você está maravilhada por Deus poder perdoar todos os seus pecados e lhe prometer vida eterna com ele no céu? Então, deixe que as boas-novas e o grande amor fluam de você como água viva, refrescando cada pessoa que Deus colocar em seu caminho.

Sugestão de oração

Jesus, preencha minha vida com todas as coisas boas.
Ajude-me a compartilhar a bondade com os outros.

Tabita

35º dia

Aquela que serviu

Mostre-me a sua fé sem obras, e eu lhe mostrarei a minha fé pelas obras.

Tiago 2:18

Tabita tem estado muito ocupada. Ela trabalhava com as viúvas de Jope, fazendo túnicas e roupas e ajudando os pobres ao seu redor com toda a energia que ela tinha. Mas um dia, Tabita morreu de repente. Suas amigas viúvas ficaram muito tristes! Elas lavaram seu corpo e o colocaram no andar superior, para aguardar o funeral, quando elas se lembraram que Pedro estava na cidade. Elas mandaram chamá-lo. Ele pediu para que todos saíssem, se ajoelhou ao lado de Tabita e orou. Disse Pedro: "Tabita, levante-se."

Tabita foi ressuscitada para continuar sua vida de amor e serviço a Deus e seu povo (Atos 9:36-42).

Agora, pare um momento para pensar em sua vida. Você gasta a maior parte do tempo fazendo o quê? Você está usando sua energia para servir a Deus e aos outros ou você gasta seu tempo só com você mesma? Peça a Deus para lhe dar um coração igual ao de Tabita e comece a buscar por pequenas maneiras que tornem o seu dia melhor hoje.

Sugestão de oração

Deus, o Senhor nos pediu para nos importarmos com os pobres, com as viúvas e com os órfãos. Mostre-me como posso ajudar.

Preencha:

Você pode pensar em algum outro personagem bíblico que pode ser tão surpreendente quanto os personagens bíblicos admiráveis? O que os fazem ser únicos em suas histórias?

O PLANO DIVINO

Pérolas preciosas

36º dia

Os nossos sofrimentos leves e momentâneos estão produzindo para nós uma glória eterna que pesa mais do que todos eles.

2Coríntios 4:17

Você já segurou uma pérola de verdade em suas mãos? Olhando para tal beleza, é difícil imaginar como ela foi feita. Deus decidiu que as ostras cinzas e ásperas produzam pérolas valiosas e brilhantes. Dentro da concha dura e irregular da ostra, está um corpo macio e liso que se parece com uma língua (nojenta!). Quando algo irritante como um grão de areia ou uma bactéria microscópica entra na concha, a ostra reage, revestindo-a com *nácar*, a mesma química que usa para produzir a "madrepérola", forrando o grão dentro da concha. Enquanto ela reveste várias vezes o grão intruso, é formada uma bela pérola!

Você sabia que Deus usa as coisas irritantes em sua vida para fazer a beleza crescer dentro de você? Talvez você tenha um irmão que a irrite. Ou sua família tenha problemas com dinheiro. Talvez seus pais sejam divorciados. Todos nós temos dificuldades. Mas cada vez que confiamos em Deus para nos ajudar com os nossos problemas, somos como a ostra revestindo o grão. Antes de saber, sua vida será um exemplo belo e brilhante da beleza de Deus para o mundo todo ver.

Sugestão de oração

Jesus, obrigada por usar até os meus problemas para me fazer bela aos seus olhos.

As cores verdadeiras

37º dia

"Toda vez que o arco-íris estiver nas nuvens, olharei para ele e me lembrarei da aliança eterna entre Deus e todos os seres vivos de todas as espécies que vivem na terra."

Gênesis 9:16

Tente esta experiência em um dia ensolarado: pegue um copo d'água (ou um vaso de cristal ou um pingente), um pedaço de papel liso e vá para a janela. Tente segurar o copo ou o prisma em diferentes lugares, bem em cima do papel, na frente da janela. O que você vê? Se encontrar a posição certa, vai aparecer um arco-íris em seu papel! Seu copo é transparente, e o sol é branco; então, de onde vêm todas aquelas cores? Mesmo que seus olhos não possam ver, a luz branca brilhando pela janela é, na verdade, feita de todas aquelas cores. Quando a luz atravessa o copo, as gotas d'água a curvam, separando a luz branca em várias belas cores.

O arco-íris mostra a diferença de como nos vemos e como Deus nos vê. Podemos pensar que somos pessoas comuns, com nada de especial em nós, mas, quando Deus está em nós, é como a luz brilhando através do copo. De repente, nós — e todos ao nosso redor — podemos ver quem realmente somos. Nossa vida é colorida com o seu amor, sua alegria, sua paz, e é uma bela visão para todos verem.

Sugestão de oração

Senhor, por favor, brilhe a luz do seu amor através de mim e me faça bela aos seus olhos!

A troca de luz

38º dia

A tua palavra é lâmpada que ilumina os meus passos e luz que clareia o meu caminho.

Salmos 119:105

Você pode imaginar o mundo sem luz? Por que não tenta uma experiência com uma amiga? Deixe que sua amiga vá para outro quarto e organize alguns objetos que você não viu, como livros, fotos, flores ou um frasco de temperos. Depois, faça sua amiga apagar todas as luzes e colocar uma venda em seus olhos. Cuidadosamente, explore o quarto usando seus outros sentidos, como o tato e o olfato, para conseguir adivinhar quais são os objetos e falar seus nomes para sua amiga. Quando estiver satisfeita com seu palpite, acenda as luzes e remova a venda. Como você fez? Você foi capaz de identificar corretamente cada item ou algum deles a confundiu?

Deus jamais quis que seu povo tropeçasse na escuridão. Ele nos dá a luz para aproveitarmos a beleza daquilo que ele criou. E, espiritualmente, a Palavra de Deus é uma luz que nos ajuda a ver o que está acontecendo no coração e na vida das pessoas. Então, não tropece na escuridão, perdendo a beleza de quem Deus é e quem ele fez você ser. Acenda a luz da sua Palavra!

Sugestão de oração

Pai, obrigada pela Bíblia. Ela me ajuda a conhecê-lo e a me encaixar em seu plano.

Pequena maravilha

"Minha graça é suficiente para você, pois o meu poder se aperfeiçoa na fraqueza."

2Coríntios 12:9

Rapidamente, você vê um *flash* de algo verde e preto zumbir. À primeira vista, o beija-flor se parece com um pássaro muito frágil, com um bico longo que se estende por quase todo o comprimento de seu corpo. Mas, você sabia que o beija-flor tem uma memória incrível? Eles podem se lembrar não só de cada flor que visitaram, mas também quanto tempo leva para recarregar o néctar da flor. Além disso, quando o beija-flor voa, suas asas batem tão rápido que você sequer consegue vê-las se mexendo. Movendo-se rapidamente e mergulhando no ar, pairando e até mesmo voando de ré, é fácil ver que Deus colocou muito poder e habilidade nesse ser tão pequeno.

Deus faz o mesmo com você. Não importa se você se sente muito jovem ou pequena demais para fazer a diferença no mundo. Deus colocou em você poder e habilidade incríveis — vindo de seu próprio Espírito em você! Como um beija-flor procura abrir as flores, você tem que procurar as pessoas que precisam do amor de Deus. Deus vai lhe dar tudo o que precisa para espalhar a alegria do amor dele ao seu redor, fazendo o mundo ser um lugar mais bonito.

Sugestão de oração

Obrigada, Senhor, por sua graça e seu poder, fazendo-me forte e capaz de realizar sua obra.

Deixe nevar

40º dia

Purifica-me com hissopo, e ficarei puro;
lava-me, e mais branco do que a neve serei.

Salmos 51:7

Na noite passada, o jardim do lado de fora da janela da cozinha estava marrom e sombrio, com árvores cinzas e sem folhas, altas e vazias em um céu nublado. Mas nesta manhã, aconteceu um milagre! A neve branca e bela caiu no chão, cobrindo os arbustos, brilhando no sol e refletindo a luz para o belo céu azul. Aqui estão alguns fatos interessantes sobre a neve, que talvez você não saiba:

- A neve não é realmente branca. Ela é transparente! É só o jeito que a luz a reflete que faz a neve parecer ser branca.
- Cada floco de neve é feito de cerca de duzentos cristais de gelo e possui seis lados.
- A neve cai aproximadamente 4 ou 5 km/h do céu.
- Bilhões de flocos de neve caem em uma tempestade normal.

Então, por que acha que Deus nos deu a neve? Sim, ela é perfeita para fazer bonecos de neve e anjos de neve. Mas já pensou que Deus quer que você veja a imagem de seu amor na neve? Deus diz que todos nós temos pecado em nosso coração — pecado feio e escuro (como aquelas árvores vazias e a grama marrom no jardim de inverno). Mas quando reconhecemos nosso pecado e dizemos para Deus que precisamos de seu perdão, a Bíblia diz que ele deixa nosso coração mais branco do que a neve! Nossa vida ganha todo um visual novo, um que é limpo e belo, refletindo a luz de Deus para o mundo.

Sugestão de oração

Jesus, obrigada por ter me perdoado e feito meu coração ficar mais branco do que a neve!

Arte: Deixe nevar... o ano inteiro!

Já que você não pode ter neve o ano todo caindo, por que não fazer este pote como lembrete?

O que você precisa:

- Uma garrafa plástica de refrigerante ou d'água
- Um garfo
- Cola
- Glitter
- Barbante ou fio
- Cotonetes ou pincel

Instruções:

1. Peça para seu pai ou sua mãe cortar o fundo da garrafa (5 cm do fundo).
2. Corte um pequeno buraco no alto, para pendurar o barbante.
3. Passe a cola nos lugares desejados dentro da garrafa.
4. Borrife o glitter na cola.
5. Se quiser mais cores, deixe a cola secar e depois repita o processo, pintando as outras áreas da garrafa.
6. Pendure-a e você terá um belo e brilhante lembrete do amor e do perdão maravilhosos de Deus.

O par perfeito

41º dia

Recordo-me da sua fé não fingida [...] Por essa razão, torno a lembrar-lhe que mantenha viva a chama do dom de Deus que está em você.

2Timóteo 1:5-6

Você sabia que o extrato da baunilha vem de uma fava que cresce de uma orquídea? Descoberta no México pela primeira vez, essas plantas delicadas produzem orquídeas que florescem só um dia. Para a polinização acontecer, para as favas crescerem, algo tem que pegar aquela flor no momento exato, levantar uma aba especial na antera que abriga o pólen e pressionar a estigma que poliniza a flor. Mas como saber fazer realmente tudo isso no momento exato?

A abelha Melipona sabe! Essas pequenas abelhas, algumas um pouco maiores do que uma pulga, são capazes de encontrar as orquídeas, levantar a aba e transferir o pólen, na hora certa. Sem essas criaturas fantásticas, a fava de baunilha teria sido extinta anos atrás.

Assim como a abelha Melipona, Deus criou você para um propósito muito especial: ser sua filha! Na medida em que você segue a Deus, ele irá conduzi-la à obra especial que ele planejou para você, e ele promete que, por onde você for, irá espalhar a fragrância e o odor da grande bondade de Deus.

Sugestão de oração

Pai, tudo o que Senhor criou tem um propósito especial, e isso me inclui. Obrigada!

Olhar para o alto

42º dia

Já que vocês ressuscitaram com Cristo, procurem as coisas que são do alto, onde Cristo está assentado à direita de Deus.

Colossenses 3:1

Para quem você olha?

Se vivesse nas regiões da savana africana, você sempre olharia para as girafas, os mamíferos mais altos do mundo, que vivem ali. Com pernas e pescoço de 1,83m, e pés do tamanho de um prato de jantar, esses animais magros e cheios de pintinhas se movem pela savana procurando alimento do alto, onde crescem as melhores e mais grossas folhas de acácia. Para alimentar seus corpos imensos, as girafas comem 45 kg de folhas todos os dias! Já que muitos predadores não podem atacar criaturas desse tamanho, elas podem viver até 25 anos, mesmo no deserto.

Mas as girafas não são as únicas que precisam olhar para o alto para buscar alimento. Também precisamos! Deus nos diz que ele é mais nutritivo para nossa alma do que qualquer alimento encontrado na terra. Se quisermos que nosso corpo espiritual cresça firme e forte, devemos nos alimentar das coisas celestiais — as verdades que encontramos na Palavra de Deus. Assim como as girafas comem muito alimento todo dia, também precisamos buscar a Deus em sua Palavra todo dia. Ficando firme e forte, seremos mais capazes de combater Satanás e qualquer outra força que tenta vir contra nós.

Sugestão de oração

Pai, ajude-me a manter meus olhos no Senhor.
Alimente-me com a sua verdade.

As tempestades de verão

43º dia

Tu és o meu abrigo; tu me preservarás das angústias e me cercarás de canções de livramento.

Salmos 32:7

Cabrum! Você é acordada pelo som de um trovão. *Flash!* Um relâmpago ilumina a noite no céu, do lado de fora da janela. E então você ouve o som da chuva; devagar no começo, mas, no fim, jorrando do lado de fora. Agradecida pelo abrigo do seu lar, você se ajeita debaixo das cobertas, esperando a tempestade passar.

Às vezes, as tempestades podem ser muito assustadoras, não é mesmo? Elas podem nos fazer sentir fracas e vulneráveis, mesmo sabendo que a chuva é boa para regar e fazer a terra crescer.

Mas as tempestades também podem ser algo bom: faz a gente se lembrar do poder tremendo de Deus! Tão grande como são as tempestades e tão forte quanto os relâmpagos parecem ser, Deus é maior e mais forte porque ele não só criou o mundo que abriga essas tempestades, como criou o universo que contém tudo! Nosso Deus é muito, muito grande e poderoso. Deus diz que ele próprio é o abrigo perfeito para seu povo quando vem a tempestade — não só a chuva, mas as tempestades da vida, como a doença, a tristeza ou a separação. Deus nos recebe quando chegamos a ele sempre que estivermos com medo, ele irá nos manter seguros em seu cuidado!

Sugestão de oração

Pai, obrigada por me proteger e me manter em segurança.

Os hábitos raivosos

44º dia

Vistam toda a armadura de Deus, para poderem ficar firmes contra as ciladas do Diabo.

Efésios 6:11

Já surfou nas ondas, procurando por conchinhas, só para encontrar uma com criaturas, tipo caranguejo, dentro? Se sim, você descobriu um caranguejo eremita, uma incrível criatura de dez pernas que muitas pessoas têm como bichinho de estimação. Mas sabia que os caranguejos eremitas não crescem em suas próprias conchas? Na verdade, eles pegam emprestada a concha dos caracóis do mar, que a fabricam. Então, quando eles crescem, vão para as conchas maiores. Nesse momento, o crustáceo fica vulnerável aos predadores.

Assim como o caranguejo eremita, somos frágeis e vulneráveis ao nosso inimigo, Satanás, que adoraria nos destruir. Mas Deus também nos providenciou uma "concha": a armadura de Deus, que protege seu povo dos predadores da terra. Você pode ler sobre ela em Efésios 6, onde Deus descreve o cinturão da verdade, a couraça da justiça, a espada do Espírito, o capacete da salvação, o escudo da fé e os sapatos do evangelho da paz. Contanto que nos vistamos com a verdade da Palavra de Deus e lutemos contra as mentiras do inimigo com a espada de Deus — a Bíblia — somos protegidas e livres para crescer e incentivar os outros a também vestirem essa armadura especial.

Sugestão de oração

Jesus, obrigada por nos dar a armadura de Deus para nos proteger do dano.

Um doce melhor

45º dia

Como são doces para o meu paladar as tuas palavras! Mais do que o mel para a minha boca.

Salmos 119:103

Chocolate. Só a palavra em si traz pensamentos doces de biscoitos e barras deliciosas. No mundo todo, quase todos o adoram ou amam. Mas de onde ele vem? Acredite ou não, o chocolate cresce em árvores. Ok, não na forma de barras; são frutos, chamados cacau, que crescem diretamente do tronco da árvore *Theobroma cacao.* As pessoas aprenderam a colhê-los e a remover a polpa branca de seu núcleo (usada para bebidas e outras coisas). Mas as sementes dentro da polpa — as pequenas sementes pretas que têm um gosto muito amargo e horrível fora da vagem — são o segredo para o sucesso do chocolate. Os trabalhadores retiram as sementes e as fermentam, um processo que faz o sabor se parecer mais com o chocolate que conhecemos. Após secar as sementes por cerca de uma semana, elas são enviadas para as fábricas, que as trituram e as misturam com muito açúcar para criar o maravilhoso gosto de chocolate que você ama!

Você sabia que as pessoas podem ser como a semente do chocolate? Por si próprias, podem não ser muito agradáveis de estar perto e podem fazer você querer deixá-las sozinhas. Mas tente orar por elas. Deus é capaz de mudar qualquer coração para que os outros sintam e vejam como ele é bom.

Sugestão de oração

Pai, ajude-me a orar pelos outros e a compartilhar com eles a doçura da sua amizade.

Cozinhar: provar é acreditar

Não acredita que o chocolate vem do gosto amargo? Experimente essa transformação! Siga esta receita de *brownies* caseiros e veja como a mistura certa de ingredientes faz toda a diferença!

O que você precisa:

1 1/2 xícara de farinha de trigo
1/2 colher de fermento em pó
1/2 colher de bicarbonato de sódio
3/4 xícara de manteiga
1/2 chocolate em pó amargo (vá em frente e experimente!)
2 ovos
1 colher de extrato de baunilha
1 xícara de leite
1 xícara de gotas de chocolate

Instruções:

Preaqueça o forno a 350 graus. Numa tigela, misture a farinha, o fermento em pó e o bicarbonato de sódio. Reserve. Com a ajuda da sua mãe, misture o açúcar, a manteiga e o chocolate em pó em uma panela grande, e cozinhe em fogo médio até que a mistura derreta, mexendo sempre.

Retire do fogo e bata levemente os ovos e o extrato de baunilha com uma colher de madeira. Alterne mexendo a mistura de farinha e o leite, mexendo após cada acréscimo de ingrediente. Adicione as gotas de chocolate (ou nozes ou algum outro doce de sua preferência) e espalhe a massa numa assadeira untada de 22 x 33 cm. Asse no forno por cerca de 20 minutos. Quando as beiradas estiverem rachadas e secas, retire do forno e deixe esfriar. Corte e se delicie com a sua receita de chocolate!

A Glória-da-manhã

46º dia

Renovam-se cada manhã; grande é a sua fidelidade! Digo a mim mesmo: A minha porção é o SENHOR; portanto, nele porei a minha esperança.

Lamentações 3:23-24

Se você olhar ao redor para toda a criação de Deus, verá que sua incrível criatividade é muito extraordinária. As flores são apenas um dos detalhes definitivos que colorem nosso mundo com a fragrância e a beleza, mostrando-nos o caráter de Deus. Uma interessante espécie de flor em particular é chamada de Glória-da-manhã. Ao contrário da maioria das flores, ela desabrocha quando o sol da manhã aquece suas pétalas. Contanto que o sol brilhe nelas, as flores ficam abertas, revelando uma grande variedade de cores. Mas, à medida que o anoitecer se aproxima, e o sol desaparece, as pétalas lentamente se enrolam e se fecham até o outro dia.

Sabia que nosso coração espiritual é parecido com a Glória-da-manhã? Em nosso próprio mundo frio e sombrio, ficamos fechadas e com medo de sermos nós mesmas ou estendermos a mão para as outras pessoas. Mas quando percebemos que o amor de Deus está brilhando sobre nós, a gente se abre para ele, mostrando a ele e ao mundo a bela pessoa que ele nos fez ser. Crescemos e florescemos, desde que fiquemos na luz de Deus. E todo dia é um novo dia para receber o calor de seu amor.

Sugestão de oração

Deus, o seu amor me conforta e ajuda
a ser a pessoa que me fez ser.

A detetive de lesmas

47º dia

O SENHOR não vê como o homem: o homem vê a aparência, mas o SENHOR vê o coração.

1Samuel 16:7

É hora de testar seu conhecimento sobre as lesmas. (Aposto que pensou que ninguém diria isso hoje a você!). Veja os fatos abaixo e circule aqueles que você acha que são verdadeiros:

A. As lesmas possuem mais dentes do que os tubarões.
B. O sangue da lesma é verde.
C. As lesmas podem deslizar sobre uma lâmina de barbear ou sobre o vidro moído, sem se machucar, por causa de seu muco.
D. Para encontrar o caminho para casa, as lesmas deixam um rastro de odor.
E. As lesmas comem praticamente qualquer coisa.

Se circulou todas as respostas, você está certa! Quem teria pensado que algo com a aparência tão nojenta poderia ter tantas habilidades?

Na verdade, a lesma nos mostra algumas verdades importantes. Você não pode julgar os animais — ou as pessoas — com base em sua aparência. Cada pessoa que Deus faz tem uma participação especial neste mundo grande e maravilhoso que ele está cuidando; então, peça a Deus para ajudar você a valorizar e respeitar tudo que ele criou.

Sugestão de oração

Deus, a sua criatividade e amor são sem fim.
Quando estou respeitando e amando os outros,
também estou amando e respeitando o Senhor.

A água maravilhosa

48º dia

"Quem crer em mim, como diz a Escritura, do seu interior fluirão rios de água viva"

João 7:38

Você pode imaginar como seria o nosso mundo sem água? Sem oceanos, rios ou lagos. Sem nuvens no céu ou chuva. E sem as piscinas! Mas a água não se acumula somente em lugares grandes; a água também preenche todos os seres vivos. Na verdade, cada pessoa na terra é feita de 50 a 65% de água. As plantas e os animais também são compostos de uma grande porcentagem de água. Então, acabe com a água, e você acabará com o mundo e cada ser vivo que está nele.

Pois é, você poderia dizer que a água é *realmente* importante. Também é legal como Deus não só criou a água, mas a mantém fresca e utilizável enquanto ela segue o ciclo da chuva para o rio a fim de nutrir a terra, evaporando e condensando em nuvens para começar o ciclo de novo.

Lembra quando Jesus estava conversando com a mulher samaritana no poço de Jacó? Ela estava interessada em tirar uma água boa, mas Jesus lhe disse que ele tinha algo melhor: a Água Viva! Ele continuou explicando que ele próprio é a Água Viva. As pessoas precisam de mais do que água para viver; nós precisamos de Jesus para preencher nossa vida com sua presença, para que possamos crescer, viver e amar do jeito que fomos feitas para isso.

Sugestão de oração

Jesus, eu preciso do Senhor mais do que de água. Por favor, encha-me com o seu Espírito, assim poderei viver de verdade.

A verdade chocante

49º dia

"Eu sou a videira; vocês são os ramos.
Se alguém permanecer em mim e eu nele,
esse dará muito fruto; pois sem mim
vocês não podem fazer coisa alguma."

João 15:5

O que o vento, a água e o sol têm em comum? Todos eles podem ser usados para produzir eletricidade! Você sabe, aquilo que você usa quando assiste à TV, acende as luzes ou escova seu cabelo.

Ainda que não possamos entender totalmente o que ela é, como chega até a nossa casa ou como fornece energia para nossos eletrodomésticos, é claro que ficamos contentes por ela existir. Mas o que acontece quando há uma queda na conexão, como quando um plugue é tirado da parede ou um raio atinge o fio elétrico? Ela para de funcionar, e não podemos dar continuidade às nossas atividades cotidianas.

Deus quer que saibamos que ele é a nossa maior fonte de energia. Se permanecermos ligadas a ele ao ler sua Palavra, obedecermos a ele e falarmos com ele por meio da oração, seremos cheias de poder e energia para fazer a obra que ele nos criou para fazermos. Hoje, se você se sente fraca, ligue-se a Deus pela oração. Ele lhe dará a força e a sabedoria de que precisa para cada dia.

Sugestão de oração

Pai, sei que não posso fazer nada sem o Senhor.
Ajude-me a ficar ligada ao Senhor.

Ver é enganoso

50º dia

"Assim são vocês: por fora parecem justos ao povo, mas por dentro estão cheios de hipocrisia e maldade."

Mateus 23:28

Em uma floresta tropical agradável da Indonésia, existe uma espécie das maiores flores do mundo: a raflésia. Em plena floração, suas grandes pétalas vermelhas possuem 91 centímetros de diâmetro. Pequenas manchas brancas marcam as cinco pétalas que rodeiam um miolo imenso. Mas se você chegar perto, vai perceber algo a mais: a raflésia tem um cheiro horrível. Essa flor bela e gigante tem cheiro de carne podre, e é por isso que ela também é chamada de "flor-cadáver". Esse odor nojento atrai "moscas da bicheira", que ajudam a polinizar as outras raflésias.

Você não quer mais uma raflésia em seu jardim? Bem, tampouco queremos ser como elas. Na Bíblia, Jesus ensina que o povo que segue regras, a fim de ter uma boa aparência e ser louvados pelos outros, é como túmulos vazios. Como a raflésia, eles parecem bonitos por fora, mas são cheios de podridão por dentro (Mateus 23:27).

Como tirar a podridão, para que você possa ser uma flor perfumada de Deus? Peça-o para mudá-la e ajudá-la a ser honesta sobre o quanto você precisa dele. Então, escolha seguir a Deus, porque isso o agrada, não importa o que os outros falem ou pensem. Ele fará você florescer em uma filha perfumada de Deus.

Sugestão de oração

Senhor, não me deixe fingir que o amo. Faça minha vida verdadeira e bela aos seus olhos.

Quebrar o modelo

51º dia

"Se o Filho os libertar, vocês de fato serão livres."

João 8:36

Imagine por um momento uma criatura do tamanho de um gato. Agora, desenhe esse animal coberto de um pelo de lontra com quatro pés de membrana, iguais aos de um pato. Coloque um bico de pato em seu rosto, bem abaixo de seus olhos e ouvidos pequenos. Agora, coloque um rabo de castor e alguns esporões afiados nas patas traseiras, capazes de injetar um veneno tóxico. Parece algo saído de um estranho conto de fadas? Na verdade, você só imaginou como se parece um ornitorrinco, um verdadeiro mamífero encontrado na Austrália e na Tasmânia! Diferente da maioria dos mamíferos, os ornitorrincos são monotremados — eles botam ovos em vez de dar à luz aos seus filhotes.

Os ornitorrincos são lembretes engraçados para nós de que ser diferente — até bizarro — pode ser muito legal. Geralmente, as pessoas gostam de vestir a mesma coisa, falar a mesma coisa e fazer os mesmos tipos de atividades que todo mundo faz para serem incluídas. Mas, isso não é chato? Como o ornitorrinco, podemos curtir ser exatamente quem Deus nos fez para ser, mesmo que não nos encaixemos no modelo de como todo mundo é. Somos livres para sermos nós mesmas, mantendo nossos olhos naquele que nos criou, e vivermos somente para a sua glória e aprovação.

Sugestão de oração

Deus, obrigada pelo Senhor ter criado o mundo de forma tão criativa. Quero ser tudo aquilo que projetou para eu ser — para a sua glória!

O poder interior

52º dia

"Porei o meu Espírito em vocês e os levarei a agirem segundo os meus decretos e a obedecerem fielmente às minhas leis."

Ezequiel 36:27

Você gostaria que sua cama fosse feita de saliva? Não? Bem, então você não deve ser um filhote de enguia-elétrica. A cama de saliva formada pela enguia-elétrica macho é o lugar perfeito para a fêmea botar 17 mil ovos. As enguias-elétricas possuem um órgão produtor de eletricidade dentro delas que ocupa cerca de 80% de seu corpo, tornando-as aptas para produzir 600 volts de eletricidade sempre que estão sendo atacadas ou quando estão caçando a presa. É energia elétrica suficiente para iluminar 12 lâmpadas cinco vezes mais fortes do que os soquetes elétricos em sua casa!

Apesar de a enguia-elétrica parecer a mais comum das enguias, elas têm por dentro uma fonte secreta de energia que as outras não têm. Os cristãos também se parecem como as pessoas comuns. Usamos roupas, conversamos e caminhamos, assim como as pessoas que não conhecem a Deus. Mas a diferença está dentro de nós, preenchendo-nos com seu incrível poder. Por que não eletrizar hoje as pessoas ao seu redor com o poder extraordinário do amor de Deus por elas?

Sugestão de oração

Pai, por causa do seu poder em mim, sou capacitada a viver bem pelo Senhor. Obrigada!

A corrida da prova

53º dia

"O vento sopra onde quer. Você o escuta, mas não pode dizer de onde vem nem para onde vai. Assim acontece com todos os nascidos do Espírito."

João 3:8

Você o sente ao seu redor quando termina o verão, e a chegada do outono transforma as árvores numa paleta vibrante de cores. O vento fresco toca de leve seu rosto e inclina as árvores, que balançam com a presença dele.

Realmente, o vento não é um mistério. Quando o sol aquece a atmosfera terrestre, o ar quente sobe. Ao mesmo tempo, o ar frio desce. À medida que o ar é aquecido, o processo continua, trazendo ao nosso planeta o maravilhoso fenômeno do vento.

Não é interessante que todo mundo acredite que o vento exista, mesmo que não entendam tudo sobre ele e não possam vê-lo com seus olhos? Se tão somente todo mundo visse Deus da mesma perspectiva... Como o vento, Deus não pode ser visto com nossos olhos. Mas, certamente, podemos ver o que ele faz — apenas olhe ao redor para a criação incrível. Somente um grande designer poderia fazer isso. E o amor? Apreciado em cada cultura ao redor do mundo, as virtudes do amor indicam um Criador que criou todos nós para amá-lo e amarmos uns aos outros. Sempre que sentir o vento, sussurre uma palavra de agradecimento ao Deus invisível que criou você e tudo isso!

Sugestão de oração

Pai, mesmo que eu não possa vê-lo, sinto o Senhor trabalhando em mim e vejo as obras maravilhosas que tem feito.

Saindo para a glória

54º dia

Estou convencido de que aquele que começou boa obra em vocês, vai completá-la até o dia de Cristo Jesus.

Filipenses 1:6

A migração das borboletas-monarcas propicia uma visão extraordinária. Dezenas de milhares desses insetos em preto e laranja vibrante voam no céu do Sul da Califórnia e México, em direção ao norte. Assim que alcançam seu destino e depositam seus ovos nas folhas de serralha, as borboletas morrem. Mas logo os ovos chocam, e surgem lagartas. Uma vez que as lagartas amadurecem, elas formam as crisálidas — os casulos para abrigarem seus corpos enquanto sofrem uma transformação incrível. No tempo certo, as ex-lagartas saem da crisálida como borboletas com asas maravilhosas! Então, elas procuram por parceiros, botam ovos e o ciclo se repete. Mas durante a quarta geração, as borboletas-monarcas não morrem! Pelo contrário, elas migram de volta para a Califórnia e México, de onde seus "tata-tata-tataravós" partiram. Não é um milagre extraordinário?

Por mais incrível que o ciclo de vida dessa espécie de borboleta seja, a sua vida é, um milhão de vezes, um milagre ainda maior. Você foi criada à própria imagem de Deus! Embora possa, ou não, gostar do que você vê no espelho, Deus está agindo em você, transformando-a de dentro para fora. Assim como a borboleta saindo da crisálida, você se torna uma nova criatura quando entrega sua vida a Jesus. Você foi feita para voar por esta vida com o calor do amor de Deus alçando suas asas.

Sugestão de oração

Jesus, obrigada pelas borboletas, e obrigada por me fazer também uma nova criatura!

Luzes, câmera, ação!

55º dia

"Os olhos são a candeia do corpo. Se os seus olhos forem bons, todo o seu corpo será cheio de luz."

Mateus 6:22

Sabia que você tem uma das câmeras mais complexas do mundo? E está bem em seu rosto! Inacreditavelmente, seus olhos foram projetados para que a luz reflita os objetos que você está olhando, brilhe dentro de seus olhos, atravesse a esclera (a parte branca), através da córnea (tecido transparente) e vá até a pupila, que regula a quantidade de luz que entra. Então, a luz passa por uma lente, que se curva ou contrai para inclinar a luz; então a imagem é lançada e atinge a retina, onde os cones e os bastonetes absorvem a luz e enviam a mensagem para o cérebro. Seu cérebro lê a mensagem, interpretando a imagem do lado correto, e deixa que seus olhos saibam o que você está vendo.

Parece muito complicado, não é mesmo? É só uma das criações maravilhosas de Deus que não entendemos necessariamente, mas gostamos muito. Deus tem muito a dizer sobre nossa visão. Ele quer que lembremos que tudo vem dele, e que se mantivermos nossos olhos focados nele, teremos a sabedoria para interagir com esse mundo de um jeito que o agrade. Tire tempo para agradecer a Deus pelos seus olhos e peça a ele para ajudá-la a manter o foco nele.

Sugestão de oração

Pai, ajude-me a manter meu foco no Senhor enquanto aproveito este mundo incrível que criou.

Preencha:

Deus usou sua sabedoria infinita para projetar o universo inteiro — incluindo você! Você é capaz de identificar algum traço especial que Deus lhe deu para usar na demonstração do amor dele aos outros?

AS EDIFICADORAS DE PESSOAS

A reforma do espelho

56º dia

Será uma esplêndida coroa na mão do SENHOR, um diadema real na mão do seu Deus.

Isaías 62:3

Do que você precisa:

- Marcador de quadro branco (apagável a seco)
- Fita adesiva transparente
- Pedaço de papel

Instruções:

No espelho do banheiro, cubra o reflexo do seu rosto com um pedaço de papel e cole-o no local. Agora, trace o contorno do papel com seu marcador de quadro branco. Remova o papel. (Você deve ter um retângulo desenhado no espelho, que molda seu reflexo). Agora, decore o contorno da borda, ajudando seu retângulo a se parecer com um porta-retratos. Usando os marcadores de quadro branco, escreva um desses versículos abaixo da moldura, para que você os veja todos os dias:

- Eu te louvo porque me fizeste de modo especial e admirável. Tuas obras são maravilhosas! Digo isso com convicção. (Salmos 139:14)
- O SENHOR, contudo, disse a Samuel: "Não considere sua aparência nem sua altura, pois eu o rejeitei. O SENHOR não vê como o homem: o homem vê a aparência, mas o Senhor vê o coração". (1Samuel 16:7)

Sugestão de oração

Querido Deus, obrigada por me fazer à sua imagem, como sua filha belamente original. Ajude-me a lembrar dessa verdade todos os dias.

As dez maneiras mais legais de edificar os outros

57º dia

Exortem-se e edifiquem-se uns aos outros, como de fato vocês estão fazendo.

1Tessalonicenses 5:11

Animar os outros é uma parte importante de ser uma cristã. Leia, a seguir, dez maneiras de como confortar e ajudar os outros:

1. Ore a Deus para ajudá-los a conhecê-lo.
2. Dê-lhes um grande abraço e um sorriso.
3. Escreva bilhetinhos que demonstrem que você se importa e cole-os em locais especiais onde eles os encontrarão.
4. Chame-os para saber se eles estão bem.
5. Envie por mensagem de texto um versículo bíblico que a encorajou.
6. Convide-os para se unirem a você na igreja.
7. Chore com eles quando estão tristes.
8. Comemore seus aniversários, as vitórias e as realizações com balões ou cartazes ou com alguma guloseima especial.
9. Pergunte para eles como você pode ajudá-los ou orar por eles.
10. Faça-os lembrar, todos os dias, o quanto você e Deus os amam!

Sugestão de oração

Deus, ajude-me a buscá-lo ativamente e a socorrer os outros ao meu redor.

O poder da oração

58º dia

De madrugada, quando ainda estava escuro, Jesus levantou-se, saiu de casa e foi para um lugar deserto, onde ficou orando.

Marcos 1:35

Se Deus já sabe o que vai acontecer, então por que orar? Circule suas melhores sugestões.

A. Deus nos diz para fazermos isso.
B. A paz de Deus nos preenche quando fazemos isso.
C. Ficar calmas nos ajuda a lembrar quem Deus é.
D. Deus diz que ele está conosco quando oramos juntos.
E. Deus ouve quando oramos.
F. Crescemos de forma mais íntima e ficamos ligadas a Deus quando oramos.
G. A oração muda as coisas. Deus diz que a oração de seu povo é eficaz.

Bem, você circulou tudo? Devia circular! A oração é uma arma muito importante que Deus nos deu para combater o inimigo, para fazer nossos medos morrerem de fome e para nos alimentar com a bondade incrível de Deus. Se você o tem como seu melhor amigo, por que ter medo? Aprenda estas técnicas simples para ajudá-la a se sentir confortável ao conversar com seu Criador o dia todo, todos os dias, e sinta o poder que sua extraordinária presença traz ao seu dia.

- Posição: encontre um local tranquilo onde você possa se ajoelhar ou deitar de bruços diante do seu Rei em oração. A Bíblia também fala em levantar as mãos para o céu,

assim como as menininhas levantam as mãos para serem abraçadas pelos pais. Esta é a sua chance de se aproximar e receber, pela fé, um grande abraço do seu Pai.

- Cartões de oração: às vezes, nossa mente se distrai quando oramos. Para ficar concentrada, os cartões de oração ajudam muito. Faça um cartão para cada pessoa que você quer orar. Então, liste um versículo bíblico para cada pessoa e escreva qualquer pedido pessoal de oração que você sabe que aquela pessoa tem. Todo dia, escolha um ou dois cartões para falar com Deus sobre as necessidades que você anotou ali.
- Oração amiga: encontre uma amiga que também se sinta confortável em falar com Deus. Tire um tempo para se reunirem e orarem. Depois de um tempo, vocês podem aprender como orar uma com a outra enquanto brincam ou fazem uma caminhada.

Sugestão de oração

Deus, sou muito agradecida pelo Senhor sempre ouvir as minhas orações. Por favor, ajude-me a sempre me lembrar de ir ao Senhor nas minhas necessidades e nos meus desejos.

Os músculos mentais

59º dia

Procure apresentar-se a Deus aprovado, como obreiro que não tem do que se envergonhar e que maneja corretamente a palavra da verdade.

2Timóteo 2:15

Se uma cobra se arrastasse até você e tentasse convencê-la a desobedecer a Deus, você a ouviria? Depois de "surtar", dizer "não!" seria a parte mais fácil. Embora Satanás não se aproxime mais de mansinho das pessoas, em forma de cobra, ele possui alguns meios bem-sucedidos para enganar o povo de Deus e afastar os outros das verdades salvadoras. Para piorar a situação, nosso próprio coração pecaminoso sempre gosta da sedução das mentiras de Satanás mais do que da beleza dos caminhos de Deus. Então, como podemos permanecer no que é verdadeiro?

A Palavra de Deus! A Bíblia é a carta de Deus para nós e ainda contém um poder incrível para o mundo atual. É porque todas as palavras nela apontam para Jesus, edificando-nos em nosso relacionamento com ele e com seu Espírito, que vive dentro do seu povo. Mas, qual benefício tem as várias peças da armadura se você nunca as veste e não aprende como usá-las? Não seja uma presa fácil. Prepare-se para os jogos de guerra que o mal trava em sua mente aprendendo primeiro a verdade de Deus. Aqui está o plano de ataque:

- Memorize um versículo por vez, de uma passagem completa da Escritura ou livro da Bíblia.
- Encontre um sistema de memorização da Bíblia. Há boas opções na internet. Se você possui um *smartphone* ou *tablet*, você pode baixar apps, como *Fighter Verses*, que lhe dá novos

versículos para memorizar a cada semana, além de testes, músicas e dicas para ajudar no processo.

- Crie o seu próprio sistema. Use ferramentas de busca online para pesquisar versículos que ajudam você a enfrentar as áreas específicas onde precisa de ajuda. Imprima esses versículos ou anote-os à mão em bilhetes que podem ser colocados dentro de uma caixa, separados para os sete dias da semana. A cada dia, estude o versículo escrito no cartão até que o tenha memorizado. Então, coloque-o no fundo da caixa, onde você pode revisar todos os versículos uma vez por semana ou mês. Por último, adicione um novo versículo e cartão para preencher naquele dia.

Após seguir esses passos, encontre uma amiga, ou seu pai, ou sua mãe, que irá testá-la nos versículos, e os recite em voz alta. Isso vai ajudá-la a gravá-los em sua memória.

Ao longo do tempo, sua mente será fortalecida pelo conhecimento de Deus e da sua Palavra. Quando o inimigo surgir tentando enganá-la para segui-lo, o Espírito de Deus irá lembrá-la do que aprendeu e ajudá-la a responder ao mal assim como Jesus fez — com as próprias palavras da verdade de Deus.

Sugestão de oração

Deus, ajude-me a memorizar a sua Palavra e a sempre recorrer a ela para me orientar.

Os exercícios de incentivo

60º dia

"Irmãos, se vocês têm uma mensagem de encorajamento para o povo, falem."

Atos 13:15

Tornar-se uma incentivadora nem sempre é fácil. Porém, quanto mais fizer isso, mais natural será, e você se tornará melhor a cada dia. Pesquise os trechos da Escritura listados e preencha, no mínimo, uma forma que você poderia incentivar as pessoas ao seu redor!

- (Isaías 1:17) Aprendam a fazer o bem! Busquem a justiça, acabem com a opressão. Lutem pelos direitos do órfão, defendam a causa da viúva.

  ____

- (1Pedro 4:10) Cada um exerça o dom que recebeu para servir os outros, administrando fielmente a graça de Deus em suas múltiplas formas.

  ____

- (1Tessalonicenses 1:2) Sempre damos graças a Deus por todos vocês, mencionando-os em nossas orações.

  ____

Sugestão de oração

Pai, ajude-me a ver as pessoas como o Senhor as vê e a lembrar de tratá-las com amor.

Preencha:

De qual dos exercícios citados você gostou mais? Por que a lição que você aprendeu ficou em você?

A BUSCA POR CARÁTER

Amor em ação

61º dia

"Amar ao próximo como a si mesmo é mais importante do que todos os sacrifícios e ofertas".

Marcos 12:33

É bem possível que já tenha ouvido a famosa ordem de Jesus: "Ame os outros como você ama a si mesmo." Mas com o que isso realmente se parece? Jesus explicou que "os outros" significa qualquer pessoa que Deus traga até sua vida.

Para colocar a ideia em prática, escolha um dos seus vizinhos, por exemplo, nesta semana, e faça uma das escolhas a seguir:

- Faça uma refeição que você goste de ajudar sua mãe a preparar ou asse biscoitos e, então, leve o alimento para o vizinho.
- Escreva um cartão que diga a seus vizinhos o quanto você e Deus os amam.
- Com a permissão e ajuda de sua mãe, ofereça-se para cuidar de uma criança, para que os pais possam sair à noite.
- Plante uma horta em seu jardim. Faça visitas regulares para conversar com seus vizinhos e dê a eles ervas e vegetais frescos.

Mantenha um diário de suas visitas. Toda vez, responda às seguintes perguntas:

- Como você se sentiu ao demostrar amor pelos seus vizinhos?
- Como eles reagiram?
- Como você pode orar por eles?
- Que outras ideias para demonstrar amor a outras pessoas vêm à sua mente?

Sugestão de oração

Deus, ajude-me a lembrar de abençoar meus vizinhos com o seu amor.

Gratidão crescente

Deem graças em todas as circunstâncias.

1Tessalonicenses 5:18

Sabemos que devemos dar graças nas refeições e, às vezes, antes de ir dormir. Mas você sabia que Deus deseja que demos graças em todas as coisas? Isso mesmo! Dar graças a Deus por tudo o que acontece em nossa vida demonstra que confiamos nele e sabemos que cada dádiva vem dele. Deus até usa os momentos difíceis em nossa vida para o nosso bem; então podemos agradecê-lo também por isso.

Desenvolver um coração agradecido é como fazer crescer uma árvore. Peça a Deus para plantar sementes de gratidão em seu coração. Mas não as deixe lá. Regue-as e as cultive ao perceber os pequenos gestos de bondade ao seu redor. Olhe para a incrível criação de Deus e fique maravilhada com as nuvens, com os seres vivos e com toda a originalidade divina que elas demonstram, e então o agradeça.

Preencha listas com coisas específicas pelas quais você está agradecida de verdade. Mantenha cada descrição em poucas palavras, como "pelo meu cachorro", "pelas batidas do meu coração" ou "pela Palavra de Deus." Quantas dessas coisas você pode encontrar hoje? Amanhã? Ou depois de amanhã?

Fique alerta, pronta para anotar algo assim que identificar uma evidência do sorriso de Deus em seu dia. Então, leia sua lista para ele e o agradeça por seu amor sem fim.

Sugestão de oração

Jesus, por favor, afaste-me das reclamações.
Ajude-me a dar graças em todas as coisas.

O serviço secreto

63º dia

"Nem mesmo o Filho do Homem veio para ser servido, mas para servir e dar a sua vida em resgate por muitos."

Marcos 10:45

Jesus não precisava ter vindo. Ele podia ter ficado no conforto do céu, onde governava como Rei, servido por anjos obedientes e honrosos o tempo todo. Mas ele não quis. Seu amor por nós o atraiu para vir à terra viver, servir e até morrer, para que pudéssemos estar com ele para sempre. Você pode imaginar o preço disso? Entretanto, entregar sua vida pelos outros — priorizando as necessidades dos outros em vez das suas — é exatamente o tipo de amor que Deus quer que tenhamos.

Você tem o Espírito de Jesus vivendo em você? Então, tem a alegria de sentir a vida do serviço secreto que Jesus tinha. Por onde você olhar, existem oportunidades para incentivar os outros, orar, confortar, doar e ajudar a atender as necessidades. Mas a missão começa com a oração, pedindo a Deus para abrir os seus olhos para ver e ajudar a ser como Jesus. Então, por que não pedir isso agora mesmo? Se você pedir, então você está pronta para a sua primeira missão. Porém, lembre-se que é um serviço secreto. Não conte a ninguém o que está planejando fazer ou por que (ainda). Somente Deus e você conhecerão o plano.

Escolha um membro da família que queira alcançar nesta semana. Passe o primeiro dia apenas observando o que ele ou ela faz, buscando por maneiras que poderia servir e amar melhor essa pessoa. Peça criatividade a Deus e marque um X nas ideias que deseja colocar em prática nesta semana:

- ☐ Todo dia nesta semana diga a eles algo encorajador sobre eles mesmos.
- ☐ Ajude com a roupa para lavar ou separe a roupa para alguém lavar.
- ☐ Limpe o carro ou retire o lixo todo dia.
- ☐ Seja voluntária, leia um livro ou brinque com seu irmão (ã) mais novo (a).
- ☐ Sua própria ideia: ______________________________

____

Anote para lembrar:

1. A missão foi um sucesso?
2. Como ela fez você se sentir?
3. Como seu alvo reagiu? Você gostaria que eles tivessem reagido diferente (sido mais agradecidos ou percebido mais coisas)?
4. Como esse exercício ajuda você a saber como reagir quando os outros a servem?

Missão para a próxima semana: escolha outro novo membro da família, ou um amigo, e repita o processo. Continue servindo também a primeira pessoa da semana passada!

Sugestão de oração

Pai, estou muito agradecida pelo Senhor me dar oportunidades para servir as pessoas ao meu redor. Ajude-me a servir com um coração alegre e grato.

Derrube

64º dia

A beleza de vocês não deve estar nos enfeites exteriores [...] Ao contrário, esteja no ser interior, que não perece, beleza demonstrada num espírito dócil e tranquilo, o que é de grande valor para Deus.

1Pedro 3:4

Algumas pessoas parecem ter nascido com um espírito naturalmente calmo. Nada parece deixá-las bravas ou tristes. Mas outras não são programadas dessa maneira. Quando as coisas não saem de acordo com nossos planos, podemos explodir em raiva ou frustração. Ou quando nossos pais, professores, ou alguém simplesmente nos diz o que fazer, sentimos como se fosse hora de pegarmos nossas armas de guerra e lutarmos contra eles com tudo o que temos.

Isso parece injusto. Como pode Jesus querer que *todas* nós tenhamos um espírito gentil e manso? Porque Jesus não está nos pedindo para mudarmos nossa personalidade. Ele simplesmente quer que deixemos o Espírito dele governar! Quem aprendeu a obedecer a Deus — qualquer que seja a personalidade que tenha — é alguém que possui um espírito gentil e manso, amando-o e amando os outros, por mais falante, quieto e reservado que seja. Deus tem o poder de ajudar todas nós a reagir aos desafios da vida de uma maneira que o honre, um belo reflexo de seu maravilhoso Espírito operando em nós. Simplesmente precisamos orar e pedir a ele para nos ajudar a ver onde nosso espírito está ficando muito exaltado (dizendo a Deus o que vamos fazer) e o fazer silenciar (escolher obedecer ao Espírito de Deus).

Então, com o que se parece um espírito gentil e manso? Circule as respostas que demonstram melhor a beleza de Deus.

- Sua irmã corre na sua frente para pegar o acento da frente. Você:

  A. Corre para pegá-lo e tenta empurrá-la para se sentar.
  B. Sutilmente, senta-se no banco de trás sem reclamar.

- Seus pais têm outros planos e eles não vão permitir que você passe a noite com sua amiga. Você:

  A. Vai para o seu quarto com raiva, onde você pensa como seus pais são maldosos com você.
  B. Confia em Deus com a mudança de planos e encontra outra coisa para fazer.

- Você realmente ama o ritmo e a batida daquela música, mas você sabe que a letra é muito ruim. Você:

  A. Escuta da mesma forma porque entende que você pode simplesmente ignorar as palavras.
  B. Encontra outra música que não desonre a Deus.

Você pode imaginar outros momentos quando você quis fazer uma coisa, mas Deus queria outra coisa? Escreva-os aqui: ____________________

____

____

Sugestão de oração

Senhor, por favor, crie em mim um espírito manso e gentil, que tenha um grande valor aos seus olhos.

A paz fala

65º dia

"Bem-aventurados os pacificadores."

Mateus 5:9

Então, você sabe que é algo bom ser uma pacificadora. É bem possível que já tenha sido dito a você mais de mil vezes em casa e na escola. Mas, você já parou para pensar por que Deus quer que seu povo seja os mantenedores da sua paz?

Talvez seja mais fácil pensar no oposto da paz: a guerra. Guerrear demonstra um rompimento na união. As pessoas estão sempre divididas em guerra. Mas Deus não criou as pessoas para estarem umas contra as outras ou contra ele. Seu plano era para seu povo ser uma família grande e feliz, servindo-o e amando uns aos outros. O que evita que isso aconteça agora? O pecado! Desde que o pecado entrou em nosso mundo com Adão e Eva, as pessoas têm se separado umas das outras e de Deus. Isso foi um problema suficiente para Deus, que enviou Jesus para morrer (e ressuscitar), para que possamos estar em paz com ele e com os outros novamente. Um dia, quando todas estivermos no céu, veremos o grande plano de Deus em plena ação. Todos iremos amá-lo e amar uns aos outros em perfeita união.

Mas agora, Deus quer que cada um de nós desempenhemos nosso papel de manter a paz aqui na terra. Isso ajuda as outras pessoas a verem o plano de Deus e quererem estar com ele também; então, é um trabalho muito importante para nós. Mas como fazemos isso? Ore e peça a Deus por sabedoria. Em seguida, pense em algumas das situações abaixo e escreva uma solução que pare a separação e inicie o processo de paz.

Seus amigos na escola pararam de conversar uns com os outros porque eles estão de mal. Você: ____

____

Sua família está discutindo porque eles não conseguem entrar em um acordo no restaurante. Você: ________________________________

____

____

Sua irmã, que está sentada ao seu lado na igreja, continua querendo cochichar e rir durante a pregação. Você: ________________________

____

____

Você ficou brava com seu irmão e disse algumas coisas muito ruins durante a briga. Você: ________________________________

____

____

Você trouxe para casa o prêmio em doces que ganhou na escola, mas agora seus irmãos querem um pouco de doce. Você: ______________

____

Sua ideia: ______________________________________

____

Sugestão de oração

Jesus, por favor, me dê sua paz. Ajude-me a manter a paz diariamente em minha vida com os outros.

Tomando coragem

66º dia

Não fui eu que lhe ordenei? Seja forte e corajoso! Não se apavore, nem desanime, pois o SENHOR, o seu Deus, estará com você por onde você andar.

Josué 1:9

Josué estava enfrentando algumas coisas muito assustadoras. Moisés, o líder confiável de Israel, tinha morrido. Agora, Josué tinha que liderar o grande grupo de pessoas para a Terra Prometida, onde viviam muitas pessoas que odiavam os israelitas e queriam destruí-los.

Deus fez Josué se lembrar: não importa o que você enfrente, eu vou lhe dar o poder de vencer quando você me seguir. Ou seja, quando estamos do lado de Deus, não podemos fracassar. Deus deseja que tenhamos vidas corajosas e confiantes porque sabemos que ele é nosso líder fiel, que nunca falha.

Para você, qual seria o significado de ser forte e corajosa? Talvez você vai confiar em Deus para ajudá-la a lidar com as aulas de educação física, que lhe deixavam insegura. Talvez seja a hora de contar para as suas amigas na escola sobre seu relacionamento com Jesus. Talvez seja outra coisa.

Uma maneira de ficar ousada e corajosa como Josué é ler sobre outros cristãos que viveram uma vida de confiança em Cristo. Aprenda com os exemplos deles e peça a Deus para fortalecê-la da mesma maneira. Logo abaixo, há uma lista de homens e mulheres que demonstraram uma força e coragem incríveis em seu compromisso com Jesus. Escolha um para este mês e peça aos seus pais para a ajudarem a encontrar um livro ou informações na internet sobre a pessoa escolhida. Depois, responda às questões a seguir:.

- Corrie Ten Boom
- Jim e Elisabeth Elliot
- Eric Liddell
- Amy Carmichael
- Billy Graham
- George Mueller
- Florence Nightingale
- C. S. Lewis
- Martinho Lutero
- Martin Luther King Jr.
- Bruce Olsen

O que essa pessoa fez que foi forte e corajoso?

___

___

___

Como Deus a ajudou?

___

___

___

Como a história dessa pessoa pode ajudá-la a ser forte e corajosa?

___

___

___

Sugestão de oração

Jesus, eu posso ser forte e corajosa porque sei que o Senhor sempre está comigo.

A vida ou a morte

67º dia

"As palavras que eu lhes disse
são espírito e vida."

João 6:63

Você já percebeu como um único comentário maldoso de uma amiga pode destruir seu dia todo? Por outro lado, um simples abraço ou uma palavra de incentivo pode fazer seu espírito cantar. Não se preocupe. Todas somos assim! Deus nos criou para reagirmos ao poder das palavras. É uma das razões pela qual Deus deixou a Bíblia para nós. Por meio de suas palavras, aprendemos como viver a vida e encontrar Jesus. As palavras de Deus são poderosas o bastante para mudar vidas.

Mas as palavras que você diz também são poderosas. Cada vez que abre sua boca, você pode escolher falar palavras que ajudarão os outros a saber o quanto eles são preciosos ou quanto valor você acha que eles têm. Você pode lhes dizer palavras de vida ou morte. Como filhas muito amadas de Deus, não temos mais a necessidade de magoar os outros com as nossas palavras. Em vez disso, Deus nos deu a missão de edificar os outros, encorajando-os na fé e na vida deles. Mas, às vezes, pode ser muito difícil, principalmente quando essa pessoa ou membro da família diz coisas maldosas para você. É natural querer contra-atacar, porém, essa não é a maneira de Deus. Ele é amor e é esse amor que ele deseja que seus filhos comuniquem aos outros sempre.

Olhe para a lista de comentários abaixo. Quais deles edificam, e quais deprimem? Circule todos os comentários encorajadores e marque com um X aqueles que magoam.

Você está fazendo um ótimo trabalho.

Você é um caso perdido.

Tudo bem, eu também faço sujeira.

Você não vai fazer isso.

Você é esquisita.

Eu a perdoo.

É claro que você errou.

Fico feliz em ajudá-la.

Você me faz sorrir.

Posso fazer melhor do que você.

Eu odeio você.

Você está ótima.

Vejo Jesus em você.

Você é uma idiota.

Você é uma grande amiga.

Você é maravilhosa.

Eu lhe disse que você não podia fazer isso.

Eu gosto de você.

Eu amo estar com você.

Como você pode ser tão burra?

Estou aqui por você.

Fique longe de mim.

Sugestão de oração

Jesus, enche meus lábios de palavras amorosas que venham do seu coração a fim de que eu ajude os outros.

Os corações humildes

68º dia

Humilhem-se diante do SENHOR,
e ele os exaltará.
Tiago 4:10

Você já viu isso antes. Talvez fosse uma criança rica na sala de aula que fez outra criança se sentir mal por vestir roupas fora de moda. Ou na igreja, quem sabe havia pessoas que agiam como se fossem melhores do que as outras. Até em casa, o orgulho levanta sua cabeça feia quando os irmãos ou pais brigam e depois se recusam a pedir desculpas ou ceder. O orgulho é um sentimento de que você é, de alguma forma, melhor do que qualquer outra pessoa, e então merece um tratamento especial. Caso esteja pensando nisso, Deus diz que ele odeia o orgulho (Amós 6:8).

Entretanto, Deus ama as pessoas que são humildes. A humildade (ser humilde) é o oposto exato de ser orgulhosa. As pessoas humildes reconhecem o quanto Deus é poderoso e bom, e o quanto elas são pecadoras. De modo estranho, entender o quanto somos más, ajuda-nos não só a apreciarmos mais a maravilhosa graça de Deus, mas também nos ajuda a ver os outros com mais compaixão. Em vez de olhar para alguém e pensar o quanto somos melhores (por qualquer motivo), devemos pensar que todo mundo precisa conhecer o amor e o perdão de Jesus tanto quanto conhecemos.

E por falar em Jesus, ele é aquele que nos dá a melhor ilustração da humildade. Leia a passagem a seguir, de Filipenses 2:5-9. Em seguida, registre como Jesus demostrava pensar nos outros em vez de pensar nele mesmo.

Seja a atitude de vocês a mesma de Cristo Jesus, que, embora sendo Deus, não considerou que o ser igual a Deus era algo a que devia apegar-se;

mas esvaziou-se a si mesmo, vindo a ser servo, tornando-se semelhante aos homens.

E, sendo encontrado em forma humana, humilhou-se a si mesmo e foi obediente até a morte, e morte de cruz!

Por isso Deus o exaltou à mais alta posição e lhe deu o nome que está acima de todo nome.

O que Jesus fez para demonstrar humildade?

____

____

O que Deus, o Pai, fez em resposta a Jesus?

____

____

Sugestão de oração

Pai, por favor, perdoe meu orgulho. Eu preciso do Senhor desesperadamente. Só o Senhor merece glória.

A alegria completa

69º dia

O Senhor é a minha força e o meu escudo; nele o meu coração confia, e dele recebo ajuda. Meu coração exulta de alegria, e com o meu cântico lhe darei graças.

Salmos 28:7

Veja as frases abaixo. Circule o número ao lado da situação que acha que pode lhe trazer alegria.

1. Um novo cãozinho.
2. Os pais dizendo a você o que fazer.
3. Tirar um "A" na prova.
4. Vencer um jogo.
5. Perder o jogo.
6. Alguém tirando sarro de você.
7. As tarefas domésticas do lar.
8. As tarefas escolares.
9. Sair para comer fora.
10. As amigas.

Quantas você circulou? Se não circulou todas, você está omitindo. O apóstolo Paulo diz que os cristãos olham para a vida de forma diferente daqueles que não conhecem a Deus. Aqueles que não conhecem a Deus podem somente se sentir bem com a vida quando tudo está dando certo. Mas Deus promete que cada coisa em particular que acontece com seus filhos foi planejada por ele para nos fazer bem (1Tessalonicenses 5:16-18). É claro, os momentos difíceis jamais parecem ser bons. Mas quando realmente acreditamos que nosso Pai amoroso permitiu a situação para o nosso bem — mesmo que não compreendamos como — então encontramos a alegria. A alegria é um profundo sentimento de gratidão, paz e confiança que vem do Espírito de Deus e aumenta cada vez que agradecemos a Deus pelos momentos bons e ruins na vida.

Sugestão de oração

Jesus, ensine-me a confiar mais no Senhor para que eu possa ser cheia da sua glória.

Dizer a verdade

70º dia

Respondeu Jesus: "Eu sou o caminho, a verdade e a vida. Ninguém vem ao Pai, a não ser por mim."

João 14:6

Sabemos que devemos dizer a verdade e que mentir é ruim. Mas você já pensou por quê? Jesus diz que quando mentimos não estamos falando como as filhas de Deus que somos. Em vez disso, estamos agindo como se pertencêssemos ao inimigo de Deus, que é exatamente o que Satanás deseja. Mas quando dizemos a verdade, estamos falando a língua de Deus — e suas palavras são poderosas!

Veja as situações tentadoras abaixo. Preencha como você reagiria com a verdade.

- Você quebrou acidentalmente o colar da sua mãe. Você poderia escondê-lo de volta na gaveta dela, mas, em vez disso, você: ____.
- As crianças na igreja estavam reclamando que a igreja era ridícula. Você quer que elas gostem de você, mas não concorda com elas. Então você diz: ____.
- Sua amiga feriu seus sentimentos quando ela a ignorou no almoço. Você poderia fingir que tudo estava bem, mas, em vez disso, você corajosamente, e com amor, diz para ela: ____.

Nem sempre é fácil dizer a verdade, mas Deus sempre fortalece e ajuda você a fazer o que é certo quando pede isso a ele.

Sugestão de oração

Senhor, por favor, impeça-me de dizer mentiras, mesmo naquilo que parece ser de pouca importância. Faça-me sempre ser verdadeira.

Paciência, por favor

71º dia

Como povo escolhido de Deus, santo e amado, revistam-se de profunda compaixão, bondade, humildade, mansidão e paciência.

Colossenses 3:12

Os fornos micro-ondas ajudam a cozinhar refeições inteiras em minutos. Os computadores colocam as informações do mundo todo bem na ponta dos nossos dedos no segundo em que precisamos saber. As redes de lanchonetes, os celulares, os carros — você escolhe — todos prometem fazer com que aconteça mais rápido o que queremos.

Então, o que acontece quando a nossa vontade não é satisfeita tão rápido? Ficamos com raiva, é claro! Bufamos, pisamos e tentamos forçar as coisas — ainda que isso afete os outros. Ou seja, estamos sendo impacientes, o oposto de ser paciente. O que é ser paciente? É aprender a deixar Deus controlar a agenda, dando a ele tempo para trabalhar em nossa vida.

Leia as histórias a seguir, buscando por exemplos de paciência e impaciência. Escreva um "P" ao lado do exemplo de paciência e um "I" ao lado do exemplo de impaciência.

— Mamãe, preciso ir à loja agora mesmo — disse Madalena.

— Querida, estou bem no meio da preparação do jantar — respondeu sua mãe.

— Mas eu tenho que comprar aquele jeans que lhe falei antes de ir para a escola amanhã — debateu Madalena.

— Você poupou dinheiro suficiente para comprá-lo? — perguntou sua mãe.

— Não! Mas podemos ir agora mesmo, e depois eu lhe pago? — pressionou Madalena.

— Agora não, querida — veio a última resposta.

— Aff! — resmungou Madalena com raiva e saiu pisando duro, batendo a porta de seu quarto.

Parecia que a família inteira estava dentro do carro havia uma eternidade.

— Já chegamos? — perguntou Kátia.

— Vai levar mais uma hora para chegar — respondeu o pai.

Kátia estava se sentindo muito inquieta. Um minuto depois, ela perguntou:

— E agora? Quanto tempo falta para chegarmos lá?

— O mesmo — veio a resposta.

Poucos minutos depois, Kátia começou a fazer a pergunta novamente, mas algo dentro dela disse para ela não falar. Em vez disso, ela orou, pedindo a Deus para ajudá-la a passar o tempo. De repente, ela se lembrou de um jogo de carro divertido que gostava e perguntou para sua irmã se ela queria jogar. Entretida no jogo, o tempo voou, e a família chegou até o seu destino.

Sugestão de oração

Deus, às vezes é tão difícil esperar pelas coisas que quero. Por favor, ajude-me a lembrar de todas as outras bênçãos que o Senhor colocou em minha vida, enquanto espero com paciência.

Receber para dar

72º dia

"Deem, e lhes será dado [...] uma boa medida, calcada, sacudida e transbordante será dada a vocês. Pois a medida que usarem também será usada para medir vocês."

Lucas 6:38

Se você obtém as informações da sua vida a partir dos programas de TV ou das revistas, parece que receber mais coisas é muito melhor do que dar. Afinal de contas, quem não gostaria de mais doces, mais brinquedos, mais roupas, mais... seja lá o que for, certo?

Mas Jesus nos alerta que aquilo que achamos que queremos pode, na verdade, nos deixar doentes. Quanto mais tentamos receber coisas para nós mesmas, mais miseráveis nos tornamos! Por exemplo, já percebeu como ficar com um pacote de biscoito só para você, ao invés de compartilhá-lo, destrói seu apetite por alimentos saudáveis e a faz se sentir mal-educada e sozinha? Por quê? Porque Deus nos fez para encontrarmos nossa maior felicidade em nossa amizade com ele, e não para receber mais coisas para nós mesmas. Quanto mais amamos e conhecemos a Deus, menos sentimos que precisamos das coisas, porque confiamos que Deus, nosso Pai, cuida de nós. Seu amor nos liberta da necessidade de servir a nós mesmas e nos faz querer dar o que temos para os outros, porque agradar a Deus é mais divertido do que receber coisas que simplesmente apodrecem e quebram. Jesus diz que ficamos felizes quando damos.

Olhe para as frases a seguir e escreva na lacuna como você mudaria essas oportunidades em meios para compartilhar:

Mamãe deu-lhe uma mesada para a semana. Agora, você tem dinheiro suficiente para comprar a bicicleta que deseja, mas percebe que não deu o

dízimo na igreja. Você decide: ______________________________
____.

Sua irmã voou até você como uma mariposa voa para a lâmpada quando viu que você trouxe para casa uma sacola cheia do seu doce preferido. Não há muitos pedaços, então você decide: __________________
____.

Você tinha planejado gastar as próximas horas assistindo seu programa favorito na TV, quando seu irmão perguntou se poderia assistir primeiro outra coisa. Você sabe que poderia gravar seu programa, mas queria esse momento só para si mesma. Você: ____________________
____.

Você é realmente uma boa artista, e todo mundo ama seu trabalho. Você poderia guardar seu talento só para si mesma, ou poderia: ________
____.

Percebeu? Não somente Deus nos dá a chance de sermos generosas com nossas coisas, mas também com nosso tempo e talentos! Tudo o que temos pertence a Deus, e ele ama que suas filhas sejam doadoras amáveis, assim como ele é.

Sugestão de oração

Pai, me dê um coração generoso que ama doar, assim como o Senhor doa.

O tipo de pensamento

73º dia

"Eu a amei com amor eterno;
com amor leal a atraí."

Jeremias 31:3

Pare um momento e pense em sua mãe. Pense com o que suas manhãs, antes de ir para a escola, se parecem. Consegue pensar? Imagine o que ela pode estar fazendo e pensando enquanto trabalha, quando você está fora de casa. Como deve ser cuidar das crianças, lavar a roupa e ainda trabalhar, cozinhar e lavar a louça? O que a deixa feliz ou triste?

Parabéns! No último minuto, você acabou de exercitar sua habilidade única em pensar na vida na perspectiva de outra pessoa. Em vez de só pensar no que você faz ou pensa, começou a considerar os pensamentos e as necessidades de alguém além de você. Essa importante habilidade chama-se empatia. A empatia nos ajuda a aprender como amar melhor os outros. Compreender os outros e pensar em suas necessidades em vez das nossas próprias, nos capacita a ser bondosas. A Bíblia diz que quando o Espírito de Deus está reinando em nosso coração, seremos bondosas com os outros. Aqui estão alguns exemplos de situações do dia a dia. Escolha abaixo a resposta mais bondosa para cada um deles.

- É o primeiro dia de aula, e você está animada para rever todas as suas amigas. Mas então você percebe uma nova menina que não conhece ninguém. Você:

A. Continua conversando com suas amigas, esperando que alguém vá conversar com a nova menina mais tarde.
B. Pensa em como ela deve se sentir sozinha e assustada, e a convida para se juntar ao seu grupo de amigas.

- A sua parceira de equipe perdeu o gol — pela segunda vez — e você está realmente frustrada. Você:

A. Grita com ela, dizendo: "Qual é o problema?"
B. Entende que ela também está frustrada. Em vez de gritar, você lhe dá um tapinha nos ombros e diz: "Deixa para lá."

- Papai grelhou filés para a família, mas ele os deixou bem passados e estão um pouco queimados. Você:

A. Faz seu pai saber que os filés estão horríveis.
B. Agradece-o por ele ter tempo para cozinhar.

Sugestão de oração

Jesus, ajude-me a perceber as necessidades dos outros para que eu possa mostrar para eles a bondade, como o Senhor mostra.

Controlando a si mesma

74º dia

Pois Deus não nos deu espírito de covardia, mas de poder, de amor e de equilíbrio.

2Timóteo 1:7

Você já se sentiu tão inquieta ao ponto de cair do seu acento? Talvez estava sentada na sala de aula ou na igreja por muito tempo, ou estava visitando os parentes, enquanto queria desesperadamente sair e brincar. Às vezes, você sente como se seu corpo comandasse e dissesse o que fazer. Em vez de se sentar e ouvir, tem vontade de correr e falar. Em vez de trabalhar, tem vontade de jogar, dormir ou comer. Então, qual lado seu vence?

Se você ouvir o Espírito de Deus, vencerá o lado autocontrolado. O autocontrole é exatamente o que parece: controlar seu corpo e mente para fazê-los obedientes a Deus. Mesmo que você tenha um TDHA (Transtorno de Déficit de Atenção por Hiperatividade) fora do comum, Deus ainda pode ajudá-la a dizer ao seu corpo e mente o que precisa ser feito, pela sua graça.

Por que isso importa tanto? Porque, como filhas e soldados de Deus, estamos em uma batalha constante contra o mal no mundo e contra o pecado dentro de nós. A fim de nos treinar para seguir a Deus em vez de nos submetermos a cada ideia ou desejo que temos, precisamos usar o poder de autocontrole de Deus, começando pelas pequenas coisas; assim sabemos como permanecer fortes quando as tentações nos rodearem.

Veja as situações abaixo. Aquelas à esquerda mostram a falta de autocontrole. Ao lado direito, encontra-se a solução autocontrolada para cada situação. Ligue a coluna da esquerda com a melhor solução à coluna da direita.

1. Comer o pacote inteiro de biscoitos.
2. Deixar escapar a resposta em sala de aula.
3. Jogar lixo no chão.
4. Ver TV em vez de fazer a tarefa escolar.
5. Apertar o botão da soneca no celular pela quinta vez.
6. Gritar com uma pessoa que a está irritando.
7. Contar um segredo que prometeu não falar.
8. Brincar no computador em vez de praticar atividades físicas.
9. Empurrar-se para chegar no começo da fila.

1. Levantar a mão antes de falar.
2. Esperar com paciência até chegar sua vez.
3. Começar a trabalhar primeiro, fazendo intervalos após terminar cada matéria.
4. Colocar dois biscoitos no prato e tampar os outros.
5. Manter a boca fechada quanto ao segredo que está guardando.
6. Ganhar tempo para brincar lá fora ou praticar atividades físicas.
7. Orar por energia e direção e depois levantar da cama para começar seu dia.
8. Aguardar o momento de colocar o lixo na lata de lixo.
9. Orar em silêncio por sabedoria e amor, para depois falar com respeito para a pessoa que está irritando você.

Sugestão de oração

Senhor, às vezes é muito difícil controlar meus pensamentos e ações. Envie o seu Espírito para me dar sabedoria e força para fazer a coisa certa.

Os pensamentos celestiais

75º dia

Peço que o Deus de nosso Senhor Jesus Cristo, o glorioso Pai, lhes dê espírito de sabedoria e de revelação, no pleno conhecimento dele.

Efésios 1:17

Considere esta situação:

Emily era uma das meninas mais espertas na classe. Sem estudar, ela conseguia tirar notas "A" sempre. Mas em casa, Emily não estava se sentindo tão esperta. Seus pais têm brigado muito, e ela estava preocupada, mas não sabia o que fazer. Ela devia falar com eles sobre isso ou seria melhor ficar quieta? Poderia confiar em sua amiga para compartilhar essa informação ou sua amiga faria fofoca pelas suas costas? Nada nos livros escolares poderia ajudar Emily a resolver seu problema da vida real.

O que você diria que Emily precisa fazer nessa situação?

____

Por que você pensa assim?

____

Emily podia sentar-se e pensar por horas ou perguntar para um bando de diferentes pessoas sobre suas opiniões acerca da situação, mas como ela saberia qual é o caminho certo? Sozinha, ela não pode. Emily precisa de sabedoria nessa situação, mas ela não a tem. A sabedoria é bem diferente da inteligência. A sabedoria é a habilidade de entender a vida da perspectiva de Deus e conhecer e seguir suas instruções.

Onde conseguimos sabedoria? Do mais Sábio do universo, é claro! Deus diz que se simplesmente pedirmos a ele por sabedoria, ele ficará feliz

em nos dar. Às vezes, ele usa a Bíblia para nos dar a sabedoria que estamos buscando. Às vezes, ele nos guia por meio dos nossos pais ou líderes confiáveis que conhecem seus caminhos. Ou então, ele simplesmente resolve a situação para que possamos ver seu poder e controle. Seja como ele escolher fazer isso, Deus é fiel para nos dar a sabedoria do céu para nos ajudar aqui com tudo o que acontece na terra.

Veja abaixo alguns versículos de sabedoria e registre o que descobrir sobre o assunto de sua sugestão de oração, pedindo a Deus para lhe dar seu tipo de sabedoria.

- Tiago 1 5
- 2Crônicas 1:11-12 (leia o capítulo inteiro sobre Salomão para compreender todo o contexto)
- Jó 12:13
- Salmos 37:30
- Salmos 104:24
- Salmos 111:10
- 1Coríntios 3:19
- Tiago 3:17

Sugestão de oração

Ame os trabalhadores

76º dia

Tudo o que fizerem, façam de todo o coração, como para o Senhor, e não para os homens.

Colossenses 3:23

O trabalho de Paulo de propagar o evangelho pelo mundo não era algo fácil. Por onde ele fosse, encontrava pessoas sedentas para ouvir as Boas-novas e também pessoas que o odiavam por pregar e queriam que ele morresse. Alguns lugares não eram de fácil acesso, exigindo longas viagens de barco em tempestades. Por vezes, Paulo foi preso, espancado, apedrejado ou rejeitado por aquilo que ele tinha de dizer sobre Jesus. Mas Paulo perseverou — ele continuou seguindo em frente e trabalhando, mesmo quando era difícil. Em algumas cidades, Paulo também trabalhou como um fabricante de tendas, para que pudesse ganhar dinheiro para viver enquanto compartilhava o evangelho.

No mínimo, Paulo era um trabalhador de Jesus. Ele sabia que se perseverasse no que estava fazendo, Deus usaria seus esforços para edificar o Reino. E você? Quando seus pais e professores pedem para você fazer um trabalho que é difícil, que tipo de atitude você tem? Você dedica ao trabalho toda sua atenção e esforço, como Paulo fazia, usando toda sua energia e o melhor do seu talento para terminar a tarefa? Ou encontra maneiras para ficar "enrolando", para no meio, ou não termina? Veja as situações abaixo. Marque um X naquelas que demonstram preguiça ou outras atitudes erradas e circule os exemplos de perseverança e trabalho duro.

1. A mãe de Linda pediu que ela limpasse o quarto. Linda tinha outras coisas para fazer, então ela ajuntou todas as roupas do

chão e as entulhou no guarda-roupa, onde elas não podiam ser vistas.

2. A tarefa do dia de Alice era limpar seu quarto. Primeiro, ela separou tudo o que achou no chão e nas bancadas. Depois, ela as guardou no lugar certo até que o quarto estivesse limpo.
3. Tereza gastou mais de meia hora nos exercícios de matemática em sua tarefa escolar na noite passada. A professora lhe disse que ela poderia ter mais pontos se refizesse aqueles exercícios que ela deixou para trás. Mas Tereza odeia matemática e, em vez disso, escolheu assistir TV.
4. Julia tinha o mesmo problema com sua tarefa de matemática. Determinada a fazer bem, ela pediu para os pais mostrarem para ela em que ela estava errando. Então, ela refez os exercícios até que entendeu como fazê-los.

Sugestão de oração

Pai, ajude-me a trabalhar de maneira árdua, lutar contra minha própria preguiça e terminar o trabalho que me pediu para fazer.

Hora de conversar

77º dia

Orem continuamente.

1Tessalonicenses 5:17

Quando você gosta de orar? Acha que orar é fácil ou difícil? À medida que oramos, a oração se torna algo mais natural para nós, assim como acontece com qualquer outra coisa que praticamos. Mas, no começo, quando você está aprendendo pela primeira vez a falar com Deus, pode parecer estranho ou assustador. Mas somente pense, você está falando com o Deus do universo — e ele está ouvindo você! Mais surpreendente ainda, o seu Espírito, que vive dentro de você, irá usar a Palavra de Deus para respondê-la, mantendo o diálogo desde o momento que você acorda até que seus olhos se fechem para dormir. E é exatamente isso que Deus quer: compartilhar cada parte do dia com você, guiando, incentivando, conversando e ouvindo, enquanto você aprende a caminhar com seu melhor amigo invisível. Aqui estão algumas formas práticas de manter o diálogo com Deus:

1. Antes de se levantar da cama pela manhã, tire um minuto para dizer "Oi" ou "Bom dia" para Deus. Agradeça-lhe por estar com você o tempo todo.
2. Escolha um tempo determinado durante o dia, especialmente para orar. Você pode começar com apenas cinco minutos. Então, à medida que fica mais forte na sua vida de oração, aumente o tempo. Não deixe que nada roube o tempo que você separou para Deus.
3. Tente orar em voz alta. Afinal de contas, Deus ama ouvir os louvores do seu povo. Encontre um lugar onde não ficará com

medo que outras pessoas a ouçam e fale com Deus como se ele estivesse bem ao seu lado — porque ele está! Você só não consegue vê-lo.

4. Anote lembretes de oração e cole-os em lugares como o espelho do banheiro ou na geladeira, para lembrá-la de falar com Deus.
5. Os horários das refeições são um momento comum para orar. Mas não fique presa à rotina. Deixe sua mente pensar o quanto Deus provê para você e o agradeça de coração.
6. Toda vez que se sentir agradecida por algo, agradeça a Deus. Todas as bênçãos vêm dele, mesmo que pareça que venham de outro lugar.
7. Você está empolgada com algo? Triste? Confusa? Chateada? Fale com Deus sobre isso. Ele se importa e sempre sabe como direcionar os seus passos e mente para o lugar certo.

Sugestão de oração

Senhor Jesus, ajude-me a orar continuamente. Quero estar perto, tão perto do Senhor quanto for possível.

Ordem

78º dia

Todos devem sujeitar-se às autoridades governamentais, pois não há autoridade que não venha de Deus; as autoridades que existem foram por ele estabelecidas.

Romanos 13:1

Imagine por um momento um grande exército liderado por capitães e um general. Cada soldado possui um dever e obedece ao homem responsável por ele. E tudo funciona como um relógio. Agora, imagine que um dia os homens se cansem de fazer o que lhes foi mandado. Eles acordam quando querem, brigam quando recebem ordens e se recusam a passar pelo treinamento.

O que acha que aconteceria com esse exército quando partisse para lutar com o inimigo? Pode um exército como esse sequer permanecer unido?

Um senso de ordem, entre os líderes e os que são liderados, é absolutamente necessário para exércitos se reunirem e funcionarem bem. E o mesmo é verdade para governos, cidades, escolas e até mesmo famílias. Mesmo que você não goste que seus pais e professores lhe digam o que fazer, a sua obediência — até nas pequenas coisas — é muito importante. Quando você obedece aos líderes, está dizendo a Deus que confia na maneira que ele está conduzindo você até as pessoas que ele colocou ao seu lado. Você não irá só colher os benefícios de estar em segurança e crescer forte, mas todo o grupo ao seu lado também irá trabalhar melhor. Veja as situações abaixo e escreva um "O" nos exemplos de obediência e um "D" ao lado daqueles que demonstram desobediência.

____ A mãe de Rita disse a todos para desligarem seus jogos eletrônicos às oito da noite. Porém, Rita estava no meio do jogo e pensou que mais alguns minutos de jogo não iria machucar ninguém.

____ Camila tinha algo importante a dizer para seu pai, mas ele estava ao telefone, e ele sinalizou para ela esperar. Ela ficou em silêncio ao lado dele até que ele acabasse, e então ela conversou com ele.

____ "Sem conversa no corredor", a professora orientou a classe enquanto saíam para a aula de arte. Mas ela foi para o começo da fila, para não ouvir Bella e Lenita cochichando atrás dela.

____ "Você me ajudaria a carregar todos os mantimentos para dentro?", pediu a mãe de Madalena. A menina saiu do carro e entrou em casa com uma sacola, e depois foi ao seu quarto.

Sugestão de oração

Jesus, ajude-me a obedecer aos meus pais e líderes, porque sei que isso agrada ao Senhor.

Entendendo a honra

79º dia

Louvem-no, vocês que temem o SENHOR!
Glorifiquem-no, todos vocês, descendentes de Jacó!

Salmos 22:23

Os israelitas entenderam que precisavam honrar a Deus, quando o testemunharam na montanha. Se eles não haviam entendido isso desde todas as pragas que Deus enviou aos egípcios, eles podiam agora ver: Deus era maior, mais forte e mais Santo do que qualquer coisa que pudessem ter imaginado, e ele merecia total respeito (Êxodo 20).

Quando demonstramos respeito às pessoas que são responsáveis por nós, ao seguirmos suas instruções, permitindo que falem enquanto ouvimos, e reconhecermos sua posição de poder sobre nós, estamos demonstrando o coração obediente e humilde que Deus deseja que tenhamos. Veja as situações a seguir e marque um "R" naquelas que demonstram respeito, e um "D" naquelas que demonstram desrespeito.

- ☐ Joana sabia o que sua mãe ia dizer, então ela a interrompeu para dizer que já sabia.
- ☐ Algumas crianças na escola estavam falando o nome de Deus em vão. Ela pediu de forma educada se elas podiam escolher outras palavras que não ferissem o nome de Deus.
- ☐ "Por favor, posso beber água?" — pediu Adriana depois que a professora a chamou.

Sugestão de oração

Pai, o Senhor é maravilhoso e digno de todo o meu respeito. Ajude-me a demonstrar isso para o Senhor e para os outros com a maneira com que vivo.

Depende

80º dia

"Pois nele vivemos, nos movemos e existimos."

Atos 17:28

É bem possível que, ao ficar mais velha, tenha dito um milhão de vezes aos seus pais: "Eu posso fazer isso sozinha!" Por qualquer motivo, todos nós queremos mostrar para nossa família e amigos que estamos crescendo e melhorando em construir a vida. Sentimos orgulho de nós mesmas quando somos capazes de fazer qualquer coisa sozinhas. E isso é natural.

Mas, crescer como cristã é exatamente a experiência oposta. Deus quer que aprendamos mais e mais a cada dia o quanto precisamos dele. Não podemos fazer nada que tenha importância sozinhas. A Bíblia até diz que, longe de Deus, nada podemos fazer. Somos totalmente dependentes de Deus para tudo — e isso é maravilhoso. Deus fica empolgado em nos ajudar e nos mostrar o quanto ele é capaz de fazer em nossa vida.

Em que você precisa depender de Deus? Começamos uma lista de ideias. Você pode acrescentar também alguma ideia?

- O ar que respiramos
- A nossa vida
- Aumentar a fé
- Lutar contra o pecado
- A roupa que vestimos
- Saber o que orar
- Amar bem os outros
- Saber conviver com a família
- Entender a fé
- O alimento que comemos

____

____

Sugestão de oração

Deus, estou tão empolgada em ficar mais velha e fazer coisas novas e emocionantes. Ajude-me a sempre me lembrar que essas oportunidades e bênçãos vêm do Senhor.

Preencha:

Quais desses traços de caráter não apresentam um embaraço para você? Qual deles você poderia melhorar um pouquinho?

JOGOS MENTAIS

O papo de igreja

81º dia

"Com isso todos saberão que vocês são meus discípulos, se vocês se amarem uns aos outros."

João 13:35

Às vezes, temos a impressão equivocada a respeito dos outros e de nós mesmas na igreja, e isso impede que nos sintamos confortáveis com o povo de Deus e atrapalha nosso crescimento com ele e com os outros. Veja abaixo a lista de impressões equivocadas e ideias erradas. Correlacione cada ideia negativa, que aparece abaixo, com a verdade que liberta, na página seguinte, a fim de amarmos a Deus, a nós mesmas e aos outros.

- Eles são mais espirituais do que eu.
- Eles já têm amigos e não vão me incluir.
- Eles possuem mais dinheiro e se vestem melhor do que eu.
- Não tenho nada em comum com essas pessoas.
- Eles parecem ser perfeitos; eu tenho muitos problemas.
- A professora gosta mais dos outros.
- Eu peco demais para estar aqui.
- Eu seria melhor se ficasse na cama.

- Deus me recompensa quando o busco. (Hebreus 11:6)
- Jesus é meu amigo eterno. Eu posso correr o risco de alcançar os outros porque Deus está sempre comigo. (Deuteronômio 31:6)
- A aparência não impressiona Deus. Ele valoriza meu coração. (1Samuel 26:7)
- Todos nós somos pecadores que precisam desesperadamente de Jesus. (Romanos 3:23)
- Mesmo que sejamos bem diferentes, compartilhamos o amor de Jesus. (Colossenses 3:11)
- Jesus me recebe sempre. Eu sou sua querida. (Mateus 19:14, Salmos 17:8)
- Jesus veio para salvar pecadoras como eu, e não gente que finge ser justa. (Lucas 5:32)
- Ninguém é justo. Todas nós sofremos de tristeza e pecamos de modos diferentes. (Romanos 3:9-10)

Sugestão de oração

Deus, obrigada por ser sempre meu porto seguro. Por favor, ajude-me a lembrar o quanto o Senhor me ama e me ajude diariamente.

O jogo do nome

82º dia

Mas agora assim diz o Senhor [...] "Não tema, pois eu o resgatei; eu o chamei pelo nome; você é meu [...] Visto que você é precioso e honrado à minha vista, e porque eu o amo, darei homens em seu lugar, e nações em troca de sua vida.

Isaías 43:1, 4

Você já brincou com o jogo "Eu sou?" Se não, chame uma amiga ou um membro da família e tente este jogo para rir muito. As instruções são para duas pessoas, mas você pode ter quantos pares quiser!

O que você precisa:

- Faixas de cabelo elásticas, uma para cada jogador
- Fichas de 7x5 cm
- Um cronômetro

Instruções:

Escreva nomes de vários animais, objetos ou gente famosa, que conseguir imaginar, em fichas, um item em cada ficha. Misture as fichas e coloque a pilha no centro com as palavras viradas para baixo. Peça para cada pessoa vestir a faixa na testa. Decida quem vai adivinhar primeiro e coloque uma ficha dentro da faixa daquela pessoa, sem ela ver a palavra que está escrita na ficha. Ajuste o cronômetro para três minutos. Aquele que consegue ver o cartão tenta descrever a palavra, sem revelá-la. A outra pessoa (que está com a faixa) tenta adivinhar o que ou quem está na ficha com

base nas pistas que a outra pessoa dá. Se ela adivinhar certo, ela pega outra ficha e repete o processo. Depois de três minutos, conte quantas respostas a pessoa adivinhou corretamente. Então, repita todo o processo, permitindo que a outra parceira adivinhe. No final, quem tiver mais fichas vence!

O jogo "Eu sou?" é muito divertido e promete fazer todo mundo ficar rindo bastante no final. Mas na vida real, o jogo do nome não é muito divertido. Assim como no jogo, geralmente olhamos para os outros esperando que eles nos digam quem somos (sem as fichas em nossas testas). Somos divertidas? Lindas? Atléticas? Empolgantes? Ou somos esquisitas? Feias? Burras? Sem importância? Infelizmente, julgamo-nos com base em como os outros parecem nos classificar. Mas Deus diz para olhar para aquele que a criou! Somente Deus sabe quem você realmente é e quem ele fez você ser. Em vez de deixar os outros nomearem você, olhe para a Palavra de Deus para ver o seu valor verdadeiro. O seu valor é maior do que qualquer coisa que alguém possa imaginar!

Sugestão de oração

Deus, o Senhor é aquele que verdadeiramente me define.
Ajude-me a sempre me lembrar de olhar para o Senhor,
e não para o mundo, a fim de buscar o meu valor.

O caça-palavras

83º dia

Vocês são povo consagrado ao SENHOR, o seu Deus. Dentre todos os povos da face da terra, o SENHOR os escolheu para serem o seu tesouro pessoal.

Deuteronômio 14:2

Todas nós queremos saber que somos valiosas e esperamos que sejamos bastante. Mas não temos que esperar. Podemos saber que somos muito caras aos olhos de Deus por causa do que ele diz em sua Palavra. Leia as passagens abaixo e depois encontre essas palavras, que descrevem quem você é em Jesus, no caça-palavras.

Sugestão de oração

Pai, obrigada por me escolher para ser sua filha.
Ajude-me a encontrar meu valor no Senhor.

Nova (Efésios 2:10)
Testemunha (Atos 1:8)
Escolhida (Efésios 1:4)
Amada (2Tessalonicenses 2:17)
Soldada (2Timóteo 2:3)
Perdoada (1João 1:9)
Amiga (Tiago 2:23; 1João 3:2)
Templo (1Coríntios 3:16)
Filha (João 1:12)

E S C O L H I D A C
F P C G O V O P M H
T E S T E M U N H A
E R S P G F N R R L
M D B O L E I J E D
P O V S L E N L I W
L A M A D D J O H X
O D A M A D A B V A
W A A M I G A D O A
M H T E B C H F A P

A criação perfeita

84º dia

E Deus viu tudo o que havia feito, e tudo havia ficado muito bom.

Gênesis 1:31

Você sabia que Deus a planejou antes mesmo de ele ter feito o mundo? Sim, ele sabia exatamente a cor de cabelo que você teria, a cor dos olhos e da pele, e qual seria a sua personalidade. Ele tinha um propósito ao criar você e escolheu o dia em que você nasceu por um motivo. Você não é um acidente! Cada parte sua reflete a criatividade e a glória de Deus. Ele pensa em você mais do que a quantidade de grãos de areia que existem no mar! Leia todo o Salmo 139 para entender. Depois, procure as palavras que descrevem como Deus nos fez e nos vê, no caça-palavras.

Sugestão de oração

Deus, posso ter confiança em quem eu sou porque o Senhor me ama e me conhece melhor do que eu mesma.

Conhecida	Vista	Incrível
Rodeada	Criada	Maravilhosa
Abraçada	Formada	Planejada

P	P	A	H	C	V	U	L	M	M
I	L	A	B	R	A	Ç	A	D	A
N	A	A	A	I	C	D	R	V	R
C	N	D	N	A	D	R	R	I	A
R	E	E	V	D	D	M	E	S	V
Í	J	O	S	A	E	E	D	T	I
V	A	P	U	I	N	D	N	A	L
E	D	F	O	R	M	A	D	A	H
L	A	E	H	O	P	W	W	H	O
R	O	D	E	A	D	A	W	H	S
X	C	O	N	H	E	C	I	D	A

A ovelha protegida

85º dia

Somos o seu povo e rebanho do seu pastoreio.

Salmos 100:3

O que mantém uma ovelha a salvo e segura? É claro, o pastor. Jesus nos faz saber que somos suas ovelhas e que ele é o melhor pastor. Veja o Salmo 23 e preencha as lacunas abaixo, incluindo qualquer preocupação ou ideias que você tem em mente que Jesus, seu Pastor, pode lidar.

O Senhor é o meu ____________.

________________ terei falta (incluindo meu alimento, minhas roupas, meu ____________________, ______________________, ________________________ e _______________).

Em verdes pastagens me faz ____________________ e me conduz a águas _________________;

Restaura-me o _________________ (para fazer o seguinte: ___ ________, _______________________, ______________________, ________________ e até __________________).

________________________ nas veredas ___________________ por amor do seu nome.

Mesmo quando eu ______________________ (tal como ________________________ ou ____________________) por um vale de trevas e _____________________, não temerei ___________________. Pois (escolha a resposta certa abaixo)

a. Eu sou uma menina durona.

b. Meus pais cuidarão de mim.

c. Tu estás comigo.

A tua ____________________ e o teu cajado ________________.
Preparas um ____________________ para mim à vista
dos meus inimigos. Tu me honras, ungindo minha cabeça
____________________ (para que eu saiba que sou filha
do Rei) e fazendo ____________________ o meu cálice.
Sei que a ________________ e a ________________ me
acompanharão ______________, e voltarei à casa do
Senhor ______________.

Sugestão de oração

Deus, obrigada por ser o meu Bom Pastor. Ajude-me
a ser uma seguidora leal e fiel ao Senhor.

Juntos para sempre

86º dia

Eu estarei sempre com vocês,
até o fim dos tempos.

Mateus 28:20

Você já percebeu como quantas coisas — e até mesmo as pessoas — mudam com o passar do tempo? As amigas vêm e vão; mudamos para novos lugares, mudamos de ano escolar e até ficamos mais velhas. Mas Deus é o único na nossa vida que nunca muda. Ele permanecerá tão amoroso, gentil e bom amanhã como ele é hoje. Melhor ainda, ele promete que nada neste mundo pode nos separar de seu amor. Não importa o que façamos ou o quanto a nossa vida mude, Deus sempre irá nos amar. Leia Romanos 8:38-19. Então escreva seu nome no meio do círculo e escreva todas as coisas citadas em Romanos que Deus diz que não pode estar entre você e ele. Vocês estão juntos para sempre!

Sugestão de oração

Obrigada, Deus, pelo seu amor perfeito e
porque o Senhor jamais me abandonará.

JESUS

Morte • Vida • Anjos • Demônios • O presente •
O futuro • Nem quaisquer poderes •
Nem altura • Nem profundidade •
Nem qualquer outra coisa na criação

87º dia

Ouvindo o amor

Levamos cativo todo pensamento, para torná-lo obediente a Cristo.

2Coríntios 10:5

Na imagem à direita, você irá encontrar dois tipos de pensamento: os certos e os errados. Às vezes, ouvimos em nossa mente mensagens erradas sobre nós mesmas e isso nos faz sentir tristes e envergonhadas. Mas o Espírito de Deus, dentro de nós, mostra a verdade, que somos suas filhas amadas. Deus nos diz para calar as mentiras e ouvir sua verdade. Ouça a voz de Deus lhe dizendo como seu amor afasta todo pensamento mau.

Instruções: use um giz escuro ou um marcador para riscar os pensamentos maus. Pinte de cor-de-rosa os pensamentos bons. O que Deus deseja que você saiba sobre si mesma? Que você é amada!

Sugestão de oração

Deus, ajude-me a ouvir somente os pensamentos bons em minha mente porque o Senhor me diz que eles falam a sua verdade..

Eu sou muito amada.

Eu nunca irei mudar.

Sou um membro da família de Deus.

Ninguém me ama.

Meu irmão/irmã é melhor do que eu.

Posso todas as coisas em Cristo.

Não sou boa em nada.

Sou muito má para ser perdoada.

Deus tem me dado cada coisa boa que preciso.

As professoras não gostam de mim.

Ninguém tem problemas como eu.

Eu sou detestável.

Sou feita de modo maravilhoso.

Eu sou gorda.

Eu sou perdoada.

Meus pais gostam de mim.

Minhas professoras são um presente de Deus para me ajudarem.

Sou escolhida de Deus.

Ninguém quer ser minha amiga.

Eu tenho um propósito especial.

Todas as meninas são mais lindas do que eu.

Meus pais não gostam de mim.

Eu trago o perfume de Cristo para o mundo.

Não sou inteligente.

Nada pode me separar do amor de Deus.

As ajudantes do lar

88º dia

Em tudo seja você mesmo um exemplo para eles.

Tito 2:7

Sabia que os seus pais não são os únicos a terem um emprego? Você também tem! Talvez você não receba um cheque de pagamento como recompensa, mas os benefícios de caráter ao ajudar sua família são valiosos. Mas você é uma boa ajudante? Faça o seguinte teste para descobrir:

1. Sua mãe entrou na garagem com o carro cheio de mantimentos. Você:
   - A. Leva o seu jogo para o quarto, onde sua mãe não irá encontrá-la.
   - B. Espera ela trazer tudo para dentro, assim você pode encontrar o alimento que quer.
   - C. Carrega um par de sacolas, assim você pode dizer que ajudou.
   - D. Ajuda a carregar todas as sacolas para dentro e a guardar os itens.

2. Seu pai está conversando com um cliente ao telefone em casa. Você:
   - A. Aumenta o volume da TV para você ouvir o som acima da voz do seu pai.
   - B. Continua correndo, rindo e brincando no mesmo quarto, mesmo após ele gesticular para você fazer silêncio.
   - C. Continua puxando sua manga para chamar sua atenção porque você quer alguma coisa.
   - D. Faz seus irmãos e irmãs saírem da sala em silêncio para que ele termine seu negócio em paz.

3. Sua irmã está tendo dificuldades com matemática, que é sua matéria preferida. Você:
   A. Tira sarro dela por não entender nada.
   B. Diz que ela está por conta própria porque você tem que fazer sua tarefa escolar sozinha.
   C. Fica chateada com ela porque ela não entendeu rápido quando você explicou o assunto.
   D. Com paciência, mostra para ela como resolver o problema até que ela entenda; então a elogia quando ela consegue.

4. Seus parentes idosos querem que você e sua família os visitem: Você:
   A. Diz para sua mãe que, em vez de ir à casa dos avós, quer ir para a casa de uma amiga.
   B. Revira os olhos e resmunga.
   C. Vai, mas fica brincando em seu celular o tempo todo.
   D. Vai, dá um abraço neles, ouve e responde suas perguntas enquanto olha nos olhos deles.

Se você respondeu "D" para cada questão, parabéns! Você é uma ajudante familiar especialista e uma parte muito importante do sistema de apoio familiar. Se respondeu "A", "B" ou "C" para qualquer alternativa acima, pergunte a si mesma: "A quem estou servindo nessa situação?" Então, peça a Deus para ajudá-la a ser uma ajudante melhor para a sua família.

Sugestão de oração

Obrigada por minha família, Senhor. Ajude-me a ser uma melhor auxiliadora para eles.

Força de estudo

89º dia

Procure apresentar-se a Deus aprovado, como obreiro que não tem do que se envergonhar e que maneja corretamente a palavra da verdade.

2Timóteo 2:15

Todo mundo tem de ir à escola. Mas nem todos têm uma boa atitude a respeito disso. Se sempre conseguimos ou não um "A" em nosso boletim, somos orientadas a fazer o nosso melhor. Mas por quê? Porque Deus diz que devemos amá-lo com todo nosso entendimento, como também com todo nosso coração, nossa alma e força. Mesmo quando estamos estudando matemática, ciências, português ou história, ainda estamos aprendendo como Deus fez esse mundo e tem poder sobre ele. Tudo aponta para ele, então deveríamos nos concentrar em aprender — e viver — essa verdade tanto quanto pudermos. Como estão seus hábitos estudantis? Faça o teste e confira a pontuação no final.

1. Você tem que ler um longo livro de português, mas é muito difícil. Você:
   A. Lê de qualquer jeito e busca ajuda online, com seus pais e professora.
   B. Lê o primeiro capítulo e desiste. Você pode compensar a nota em outras matérias.
   C. Nunca abre o livro. Pelo contrário, pede para suas amigas contarem a história para você.

2. Você está pronta para a escola e tem alguns minutos livres antes de sair. Você:
   A. Gasta algum tempo lendo a Bíblia e orando.
   B. Fica irritada porque tem que esperar todo mundo ficar pronto.
   C. Joga videogame.

3. A professora passou um projeto que tem que ser entregue daqui a duas semanas, a partir de hoje. Você:
   A. Calcula o que precisa ser feito e começa a fazer durante a semana.
   B. Relaxa porque ninguém está trabalhando nisso ainda.
   C. Espera até a noite anterior ao dia da entrega para começar a trabalhar nele.

4. Quando se trata de memorizar a palavra de Deus, você:
   A. Faz dela uma prioridade, trabalhando com versículos diferentes toda semana.
   B. Entende que sempre pode pesquisar versículos na internet se precisar.
   C. Nem pensa nisso.

5. Você dá duro em sua tarefa escolar porque:
   A. Sabe que isso honra a Deus e deseja que isso ajude você a ser a pessoa que ele deseja que você seja.
   B. As boas notas fazem você ser muito inteligente, e as professoras gostam mais de você.
   C. Você é muito competitiva e quer vencer as outras crianças.

Se respondeu "A" nas perguntas acima, você obtém um "A" por se dedicar aos seus estudos, honrando a Deus à medida que você cresce! As respostas "B" ou "C" relevam sua tendência de esperar até o último minuto, junto com um pouco de preguiça, o que a afasta de dar o seu melhor. Peça a Deus para ajudá-la a se importar com a Palavra dele e com o mundo que ele criou, dando o seu melhor nos estudos — tudo para a glória dele.

Sugestão de oração

Deus, quero honrá-lo trabalhando duro para ser a melhor pessoa que eu puder.

Olhe para o amor

90º dia

Quem não ama não conhece a
Deus, porque Deus é amor.

1João 4:8

Você já dever ter ouvido que Deus a ama, mas o que o amor realmente significa? Veja a passagem de 1Coríntios 13:4-8 abaixo. Ela foi copiada três vezes para lhe dar uma nova visão do amor. A primeira passagem mostra o que é o amor, como escrito em 1Coríntios.

> Quem ama é paciente e bondoso. Quem ama não é ciumento, nem orgulhoso, nem vaidoso.
> Quem ama não é grosseiro nem egoísta; não fica irritado nem guarda mágoas.
> Quem ama não fica alegre quando alguém faz uma coisa errada, mas se alegra quando alguém faz o que é certo.
> Quem ama nunca desiste, porém suporta tudo com fé, esperança e paciência.
> O amor é eterno. Existem mensagens espirituais, porém elas durarão pouco. Existe o dom de falar em línguas estranhas, mas acabará logo. Existe o conhecimento, mas também terminará.

Agora, pense no fato de que Deus é amor. Isso significa que tudo que é escrito sobre o amor nessa passagem reflete quem ele é. Em cada lacuna, preencha com o nome "Jesus" ou "Deus". Depois, leia a passagem novamente com o nome de Deus na frente.

> ____________ é paciente, ______________ é bondoso. Não inveja, não se vangloria, não se orgulha. Não maltrata, não procura

seus interesses, não se ira facilmente, não guarda rancor. ______________ não se alegra com a injustiça, mas se alegra com a verdade. Tudo sofre, tudo crê, tudo espera, tudo suporta. ______________ nunca perece; mas as profecias desaparecerão, as línguas cessarão, o conhecimento passará. O __________ nunca perece.

Neste último exercício, tente colocar seu nome nas lacunas onde a palavra amor deveria estar. Acha que é uma boa representação de como você age de verdade? Todas nós devemos crescer em amor para nos tornarmos como Deus, nosso Pai. Por que não pedir para ele, agora mesmo, para ajudar você a amar como ele?

______________ é paciente, ________________ é bondoso. Não inveja, não se vangloria, não se orgulha. Não maltrata, não procura seus interesses, não se ira facilmente, não guarda rancor. ________________ não se alegra com a injustiça, mas se alegra com a verdade. Tudo sofre, tudo crê, tudo espera, tudo suporta. ____________ nunca perece; mas as profecias desaparecerão, as línguas cessarão, o conhecimento passará. O ______________ nunca perece.

Sugestão de oração

Jesus, obrigada por sempre me amar. Ajude-me a amá-lo e a amar os outros da mesma maneira.

Anotações

Anotações

Anotações